HEYNE

SABINE REICHEL, in Hamburg geboren und aufge-
wachsen, lebte Jahrzehnte als Designerin, Autorin und
Journalistin in New York und Los Angeles. Sie schreibt
Filmscripts, kritische Artikel und Bücher in Englisch und
Deutsch mit Schwerpunkt Frauen, Film und Zeitgeist,
unter anderem für *Brigitte WOMAN*, *Freundin DONNA*,
Emotion, *Die Weltwoche*, die *Berliner Zeitung* und die amerikanische *Huffington Post*. Heute lebt sie als freie Autorin,
Hobbymodel (sie ist auch das Covergirl) und Übersetze-
rin in Hamburg. Dieses ist ihr zehntes Buch. Sie finden
sie auf Facebook und Twitter.

Sabine Reichel

GRAU IST GREAT

Mit Stolz und Stil
in ein neues Leben

WILHELM HEYNE VERLAG
MÜNCHEN

MIX
Papier aus verantwor-
tungsvollen Quellen
FSC® C014496

Verlagsgruppe Random House FSC-DEU-0100
Das für dieses Buch verwendete
FSC®-zertifizierte Papier *Holmen Book Cream*
liefert Holmen Paper, Hallstavik, Schweden.

Originalausgabe 02/2013

© 2013 by Wilhelm Heyne Verlag, München,
in der Verlagsgruppe Random House GmbH
Redaktion: Beate Koglin
Umschlaggestaltung: Nele Schütz Design, München
Umschlagfoto: © DONNA/Ergin Varel
Satz: C. Schaber Datentechnik, Wels
Druck und Bindung: GGP Media GmbH, Pößneck
Printed in Germany 2013

ISBN: 978-3-453-60212-0

www.heyne.de

Inhalt

Die Silberfuchs-Society   9

1   **Die Verpflichtung zum Jungsein**   13

    Das erste graue Haar   17

    Liebe Omas, wo seid ihr?   21

2   **Mein Haar – mein Selbst**   25

    Waschen, schneiden, legen   28

    Langes Haar – wunderbar!   31

3   **Der Club der Grauhaarigen**   34

    Ich färbe, also bin ich!   39

    Farbgeständnisse   42

4   **Haarfarbenjunkies gegen Naturmädels**   51

    Kleine Haarspaltereien   54

    Ja, dir *steht das!*   57

    Gutes Gift – böses Gift   59

    Umfallerinnen   61

5 Haargeschichte(n) 67

Familienfarbpalette 69

Silberstaub 71

6 Verfärbte Welt –
das große Geschäft mit der Farbe 73

»Färbt sie – oder färbt sie nicht?« 77

Tönung »Made in Germany« 79

Farbtherapie 83

7 Mein Friseur und ich –
oder Grausein ist billiger 85

Schreckliche Geschichten 88

Helden der Haarkunst 92

8 Rapunzel in Grau 96

Vorsicht, Überwachung! 98

Ballerinas und Hippies 100

Haarkritik für graue Mähnen 103

Rendezvous mit der Schere 107

9 Die rote Wüste – oder die wüste Rote? 110

Hallo, Weimar! 113

Rote Proleten 115

Teuflisch rot 117

Zum Rotwerden 119

10 Ein schwieriger Ansatz –
Mut zum »Bad Hair«-Jahr 121

Angst essen Seele 123

. . . ein paar Wege zum Grau 125

Das Schicksal schlägt zu 128

11 »Du siehst so anders aus . . .« –
allein und grau auf weiter Flur 131

Mütter und Kinder meckern am meisten 133

»Los, färb dich, Mami!« 135

»Wir müssen reden, Papa!« 138

12 Karrierekiller Grau? 141

Maus oder Drachenlady 143

Schlaue Köpfe – graue Köpfe? 145

Geföhnt und gefärbt für das Volk 147

13 Mit sechzig noch sexy? –
Dating in Grau 152

. . . und sie mögen es doch! 155

Älter und grau – wow! 157

Alles Lüge oder was? 161

14 Der Mann mit den grauen Schläfen 163

Farbenfrohe Männer 166

Versilbert 169

15 Die Frau von gestern – Spurenbeseitigung . . 172

Stecken geblieben 177

**16 Schick, smart und sexy –
die Frau mit den grauen Schläfen** 180

Sehr kurz, sehr cool 182

Der Farbknall 185

Kostümprobe 187

Stilschule 188

Schicke schräge Vögel 190

17 Wie sich die Töne gleichen 193

Public Viewing – Farbe auf allen Kanälen 195

Stoppt ihn! 198

18 Silberfüchse der Weltklasse 201

Britischer Mut 202

Deutsche Damen färben 205

Der sportliche Geist ist grau 207

19 Der graue Star – Jugend kopiert 210

Tausch-Täuschungen 212

**20 Zurück zu den Wurzeln:
wachsen lassen, was wichtig ist** 215

Seid umschlungen, Babyboomer! 216

Aller Anfang ist grau 218

Diktatur Natur! 219

Loslassen 221

Die Silberfuchs-Society

Die Welt ist ziemlich grau auf dem Kopf. Das kann man finden, wie man will, aber es ist eine Tatsache. Und so kommt es heutzutage sehr häufig vor, dass Frauen um die Fünfzig einen Kennerblick auf die überraschend farbkräftigen Haare oder den verräterischen Scheitel gleichaltriger Frauen werfen und geradeheraus fragen: »Färbst du eigentlich deine Haare?« (Es erinnert ein wenig an die neugierige und ebenfalls sehr intime Frage, die man vor vierzig Jahren Freundinnen stellte, ob sie die Pille nähmen.) Als Antwort erhält man oft eine Lüge, versteckt hinter der leicht empörten Gegenfrage: »Wie kommst du denn darauf? Natürlich nicht!« So als hätte man gefragt, ob sie als sadistische »Lady Bondage« für Senioren in einem Sexshop nebenbei ein paar Euros verdienen würden. Also wirklich: Wie sollte man auf die abwegige Idee kommen, dass zum Beispiel eine 56-jährige Frau zumindest einige graue Strähnen haben könnte und *nicht* von Natur aus nachtschwarze oder tizianrote Haare?

Doch die Geheimniskrämerei ist vorherrschend, und niemand hat Lust auf Geständnisse, die nur auf den ersten Blick harmlos und unbedeutend sind. Aber mir fiel nach und nach auf, wie viele Frauen ihre Haare färben. Junge und alte. Doch während bei jüngeren Frauen gefärbte Haare eher ein modisches Accessoire sind, wollen ältere Frauen meist ihre grauen Haare verdecken. Warum eigentlich?

Als ich, eine überzeugte und ab 54 sichtbar angegraute Nichtfärberin, in Freundinnenkreisen immer wieder mal das Thema graue Haare ansprach – eigentlich von der Trivialität des Themas selbst ein bisschen peinlich berührt –, war ich über die intensiven und hochemotionalen Reaktionen überrascht. *Jede* Frau in der Altersgruppe fünfzig plus fühlte sich angesprochen und hatte eine eindeutige, leidenschaftliche Meinung zum Für und Wider. Es kam zu hitzigen Debatten, die mit interessanten Geständnissen und amüsanten Färbe- und Familiengeschichten rund ums Haar angereichert wurden. Zwei Dinge waren klar und natürlich nicht überraschend: Erstens will keine sichtbar alt sein beziehungsweise werden. Und zweitens gibt es, wenn man grau (oder weiß) wird, nur drei Möglichkeiten: färben, ignorieren oder zelebrieren.

Aber bei den Diskussionen wurde auch klar: Hier geht es ganz offensichtlich um viel mehr als um verräterische Haaransätze und ein augenfälliges Zeichen beginnenden Alters, hier geht es um Identität, Authentizität, Attraktivität, Sexualität, Status, Familie, Beruf – und um verblassende Pigmente, die eine (berechtigte?) Angst vor dem gesellschaftlichen Unsichtbarwerden, ja Verschwinden der ganzen Person auslösen. Bin ich noch da? Werde ich noch gesehen? Kann ich noch bestimmen, beeinflussen, gestalten – so wie es immer war?

1 Die Verpflichtung zum Jungsein

Schuld an dem steten Wunsch, überall mitzumischen, sind wir zum Teil selbst. Wir haben praktisch darauf hingearbeitet. Wir, das sind die Nachkriegsjahrgänge und die sogenannten Babyboomer der Fünfziger- und Sechzigerjahre, die als Erste dem Jugendkult verfallen sind und ihn in nie zuvor gekanntem Maß vorgelebt haben. Besonders die heutige Generation sechzig plus war in vielem die Erste: Zu ihnen gehörten die ersten offiziellen Nachkriegsteenager, die ersten »Halbstarken«, die ersten Modetrendsetter, die ersten Gammler und Hippies, Drogenkonsumenten und Gesundheitsapostel, die ersten Megarockbandfans und Wohngemeinschaftsgründer. Sie wurden gehasst, gefürchtet und beneidet, aber ohne sie ging nichts.

Eigentlich ist das so geblieben. Wir haben für unsere Generation die letzten vier Jahrzehnte hindurch jeden neuen Trend, jede neue Bewegung, jedes neue Bewusstsein genutzt, öffentlich reflektiert und kommentiert. Mit einem Satz: Wir sind zwar alt geworden, möchten aber jung wirken und so tun, als ob die Macht noch auf unserer Seite ist. Motto: grau, schlau und heiß begehrt.

Vor gut zehn Jahren wurde für diese in die Jahre gekommene Generation das bekannteste Etikett erfunden: »Silver Surfer«, eigentlich der Name eines amerikanischen Comichelden aus den Sechzigerjahren. Passt irgendwie.

Man braucht natürlich nicht unbedingt Trendforscher zu bemühen, die einem neue Entwicklungen erklären, wenn man selbst mit offenen Augen durch die Welt läuft und zwei und zwei zusammenzählen kann. Aber immerhin: Der Hamburger Trendforscher Peter Wippermann hat uns mit seinem 2007 erschienenen Buch *Generation Silver Sex* (zusammen mit Corinna Langwieser) gezielt auf die Sprünge geholfen. Er weiß zu berichten, dass die heutigen »Senioren« sich dagegen wehren zu altern, sie erhalten ihre Jugendlichkeit durch Fitnesstraining, Kosmetik und Mode. Sie fühlen sich durchschnittlich fünfzehn Jahre jünger, als sie tatsächlich sind. Und so wollen sie auch aussehen. Dazu passen keine grauen Haare, also muss das Grau vom Kopf mittels Farbe verschwinden. Der Kampf um die ästhetische Erscheinungsform ist ziemlich gnadenlos. Und nur derjenige, der jugendlicher aussieht, wird sich durchsetzen, erklärt Wippermann.

Der Kampf scheint allerdings spätestens dann klar verloren, wenn man sechzigjährige Frauen mit kirschroten Fransen oder gelblichen Barbiemähnen sieht, die sich in bauchfreie Blüschen und Wurstpellenminiröcke zwängen. Oder auch faltige Männer mit verwegenen Tätowierungen, Rapperhosen und kahl rasiertem Schädel. Denn ob man wirklich automatisch jünger aussieht, nur weil man sich die Haare färbt und ein jugendliches Outfit anlegt, ist fraglich.

Wichtiger aber ist der Selbstbetrug, der hinter einem solchen Verhalten steckt. Soll man die Freiheit und den Stolz auf die eigenen Leistungen jetzt wieder aufgeben, da man endlich wirklich reif, erfahren und selbstbewusst ist? Viele Frauen und Männer der Generationen fünfzig und sechzig plus haben für neue Lebenswege und ihre Identität gekämpft, da sollte es doch eigentlich fernliegen, sich von jüngeren Generationen diktieren zu lassen, wie man auszusehen habe oder wie grau man sein dürfe. Das könnte man nur als Rückschritt bezeichnen.

Und wo bleibt der Respekt? Ganz besonders, wo sehr viele von uns noch im Berufsleben stehen und wir dank unserer Kaufkraft die Wirtschaft mit am Laufen halten. Die heute über Fünfzigjährigen sind die reichste Generation, die es in Deutschland je gab. Und da sie in Massen auftreten – vielleicht kriegen deshalb so viele Jüngere einen Schreck? –, wird nach immer neuen Begriffen und Namen für diese phänomenale Generation gesucht. Schon gelesen und selber erfunden habe ich: Silverella, Silberschwestern, Platinidas, Platinos, Platinmamas, Graufüchse, Silberfüchse, Boomer-Babes, Silbersenioren, Alpha-Boomers und nun auch noch graues Gold. Hört sich hinter all den putzigen Namen trotzdem an wie ein Schrei des Schreckens: »Hilfe, die graue Pest rückt an.«

Und nun habe ich ein neues Hobby. Ich zähle graue Köpfe, auf der Straße, in der Bahn, im Bus, im Kino, bei Lesungen, in der Schlange vor mir an der Supermarktkasse. Mindestens ein Viertel der Menschen ist grau. Graues Haar ist ein unübersehbares Zeichen (des Alterns) und ein Statement, das eine Abgrenzung von der Jugend demonstriert. »Alt und grau« ist eine feste Redewendung wie »jung und schön«. Dabei wissen wir sehr wohl, dass manche schon mit dreißig grau werden und dass es nicht wenige alte Leute gibt, die nur einige Silberfäden im noch farbkräftigen Haar haben. Dabei werden die Menschen heute im Schnitt einige Jahre früher grau als noch unsere Eltern und Großeltern. Umwelt? Stress? Einsamkeit? Sorgen? Sicherlich gibt es nicht *die eine* Ursache.

Das erste graue Haar

Vielleicht ist es für alle Generationen ein ähnliches Gefühl und fängt auch immer gleich und oft ganz harmlos an. Man wartet nicht direkt darauf. Warum auch? Es gibt schließlich wichtigere Sachen, die einen beschäftigen: Liebe, Sex, Beruf, Geld, Familie, Umwelt. Aber eines Tages ist es da: das erste graue Haar. Es erscheint unbedeutend, ist nichts Weltbewegendes und nicht unbedingt für jedermann wahrnehmbar oder von großem Interesse. Aber es stellt doch einen wichtigen Anfang dar und ein klares Ende, nämlich der Jugend.

Irgendwie bedeutet das in diesem frühen Stadium aber auch, dass eine gewisse angenehme Reife auf dem Weg ist, sich bei uns einzunisten. Sie verblüfft, zeigt eine neue Seite von uns. Und sogar Stolz kommt auf. Irgendwie niedlich, das erste graue Haar, so kann man sich einreden, fast ein Meilenstein – so wie die ersten Falten, die erste Periode, der erste Sex, der erste Schultag, die erste Beatles-Platte und so weiter. Sieht eigentlich sympathisch aus so ein kleiner Silberfaden, oder? Wenn es so bliebe, kein Problem.

Aber: Die Zeit schreitet voran, und zwar an uns vorbei und über uns hinweg, schleift uns dabei mit und hinterlässt Spuren. Die Zeit kennt keine Stoppschilder und hört auch auf keine flehentlichen Bitten, doch ein wenig innezuhalten. Nur für einen kurzen Moment. Sodass man Luft schnappen und sich an das neue graue Ich langsam gewöhnen kann. Aber niemandem – *niemandem* – tut die Zeit diesen Gefallen, stehen zu bleiben.

Und, schwupp, wird das graue Haar rausgezupft. Geht ganz einfach und passiert fast automatisch. Und soweit ich es gehört habe, reißen 98 Prozent aller Menschen die ersten grauen Haare einfach raus, denn noch sind sie Außenseiter, die die lästige Angewohnheit haben, vorwitzig aus der Kopfhaut herauszuwachsen wie eine Drahtspirale, damit man sie nicht übersieht.

Mit dieser Radikalkur kommt man eine Weile klar, es schmerzt auch nicht mehr als Augenbrauenzupfen. Doch leider verfallen wir dann oft einer nervösen Obsession: Wir machen Jagd auf sie, wir zählen sie, wir wollen sie kontrollieren, die aufdringlichen Fremdlinge. Aber jeder Tag scheint neue zu bringen. Denn mit grauen Haaren ist es wie mit den Jahren, die wir auf der Welt verbringen: Sie werden nicht weniger, sondern mehr. Wieder eins, ha! Raus damit! Und so werden wir zu einer Truppe von Jägern, die einfach nicht aufhören kann, die grauen Haare auszuzupfen. Das Szenario spitzt sich zu, der Badezimmerspiegel wird zum täglichen Tatort – bis wir eines Tages so viele graue

Haare entdeckt haben, dass wir nach neuen Lösungen suchen müssen, um uns keine kahlen Stellen zu zupfen.

Da bieten sich zwei Möglichkeiten an: Die Haare einfach in Ruhe lassen, uns mit den harschen Fakten anfreunden und sie mit Fassung und Humor tragen. Oder den Kampf gegen einen Titanen aufnehmen, den wir zwar für eine Zeit überlisten und narren können, aber der letztendlich doch gewinnen wird. Dann heißt es eben: überfärben, weil die Angst vor dem Verlust des jugendlichen Aussehens zu groß ist. Und das ist oft der Anfang einer teuren Odyssee mit fragwürdigen Resultaten, die letztendlich niemanden täuschen.

Ich erinnere mich aber auch genau an die Tage, an denen ich meine ersten grauen Haare entdeckte. Ich war 45 Jahre alt und sah, dass es bei einem gewissen Licht, das gern als Naturlicht bezeichnet wird, beim Kämmen im mittelblonden Pony kurz silbern aufleuchtete. Was?

»Ich werde verrückt, ich habe graue Haare«, sagte ich laut und rief sofort meinen Freund an, um ihm diese wichtige Botschaft zu übermitteln.

»Du meinst die paar Silberfäden?«, fragte er trocken. »Die kenne ich schon.«

Warum er nichts gesagt habe, wollte ich wissen und fühlte mich ein wenig hinters Licht geführt. Sollte ich geschont werden?

»Ich fand es nicht weiter wichtig«, erklärte er und demonstrierte wieder einmal deutlich, warum Männer oft so erfrischend unbekümmert sind und Frauen sie total missverstehen.

Wir denken, wir wissen was und wie sie, die Männer, denken, angeblich besonders »nur an das Eine«, und auch den Rest glauben wir zu kennen. Wie sie uns sehen, wie und warum sie uns lieben und sexy und schön und liebenswert finden, welche Schönheitsideale sie von uns haben (Überraschung! Sie haben wenige!), was ihnen vollkommen egal ist.

Ich entschloss mich jedenfalls, die grauen Haare zu mögen und sie auf gar keinen Fall zu färben.

Zum grauen Haar stehen oder das Grau überfärben: Die Bandbreite dieser Option und dieses Konflikts will ich in diesem Buch behandeln. Dabei geht es weder darum, Verbote auszusprechen, noch für die eine oder andere Entscheidung moralische Überlegenheit zu reklamieren. Niemand will die Welt von ihrer Farbigkeit (auch auf dem Kopf) befreien oder Selbstentfaltung und Individualität verhindern. Wenn sich eine Frau als ewiger Blondschopf, rothaarige Sirene oder pechschwarzes Schneewittchen sehen will, bitte sehr. Aber wir könnten uns ebenso gut auch ein kleines bisschen in unsere grauen Haare verlieben. Es muss ja nicht gleich eine flammende Affäre sein, ein Minimum an Akzeptanz und Neugier, gemischt mit einer Prise Enthusiasmus, reicht schon und wäre ein schöner Anfang. Von da an geht es nur noch aufwärts. Ganz bestimmt.

Liebe Omas, wo seid ihr?

Grau ist sowohl als Farbe wie auch als Wort und Assoziation meist weder glamourös noch besonders schmeichelhaft: bleiern, aschgrau, bleich, fahl, neblig – im Gegensatz zu bunt, farbig, heiter, lebhaft. Oder graue Maus, graue Eminenz, graue Hirnzellen, das Grauen, grauenvoll, grausam, Grauschleier (Wäsche), graues Wetter, *Der Mann im grauen Flanell.* Es gibt Geschichten von Menschen, die durch einen Schicksalsschlag »über Nacht« grau oder weiß geworden sind – nicht etwa vor Glück.

Optimistische Menschen sagen: »Darüber lasse ich mir keine grauen Haare wachsen.« Und selbst wenn. Wozu gibt es Haarfarbe, die diese Altersspuren auf wunderbare Weise unsichtbar macht?

Natürlich war es nicht immer so, dass grauhaarige Menschen, ganz besonders Frauen, bei sich selbst und anderen äußerst ambivalente Gefühle ausgelöst haben, die von Angst und Ablehnung durchsetzt waren. Früher ging man gelassener mit dem Alter um, auch wenn die Regeln feststanden und damals wie heute mit zweierlei Maß gemessen wurde beziehungsweise wird. Von Frauen erwartete man, dass sie knapp fünfzig Jahre gleichbleibend aussahen, für alle Zeit blond oder braun oder schwarz. Mit dem Schritt zur Oma kam dann die Erlösung. Deren Haarfarbe durfte alle Schattierungen von dunkelgrau bis schlohweiß haben. Was mit Erleichterung begrüßt wurde.

Wir über Sechzigjährigen hatten ja oftmals noch das große Glück, eine »echte« Oma und einen »echten« Opa gehabt zu haben. Für die Enkel war es bei den Großeltern häufig wie im Paradies, auch wenn dort eine liebevolle Strenge und gleichzeitig eine Stabilität herrschten, die sie von zu Hause oft nicht kannten.

Man kann es als ein Geschenk betrachten, wenn Kinder und Jugendliche den geliebten Personen beim allmählichen Altern zusehen können und graue Haare als eine normale Escheinungsform erleben. Man ehrte das Alter und die Alten. Sie sahen eindeutig wie alte Leute aus, keiner hätte sie mit einer anderen Altersgruppe verwechseln können. Überhaupt: Grauhaarige Menschen verströmten oftmals Weisheit, Güte, Erfahrung, Großzügigkeit und nicht zuletzt beruhigende Gemütlichkeit. In der sicheren Obhut der Großeltern konnten die Enkel sich fallen lassen, und sie benahmen sich gleichzeitig unvorstellbar brav. Da war jemand weit gekommen an Jahren, das war eine erstaunliche Leistung, die

Respekt verdiente. Da gab es Personen, die aus dem Vollen schöpfen konnten, die sich milde lächelnd zurücklehnten und mit heiterer Gelassenheit die Jüngeren vorließen mit all ihrem Ungestüm und ihrer liebenswerten Unerfahrenheit. Und alles in ihrer natürlichen Haarfarbe!

Für diese Großmütter kamen damals eigentlich nur zwei Frisuren für das silbrige oder weiße Haar infrage. Da gab es zum einen die »modernen« Omis, die ihr Haar relativ kurz und in der klassischen eng gewickelten Dauerwelle trugen, sorgfältig gewellt und mit viel Haarspray fixiert, sodass die Frisur an eine Skulptur erinnerte. Königin Elizabeth von England, diese silberhaarige Ikone für Noblesse, wie auch fast alle älteren gekrönten Häupter setzen diese Tradition immer noch fort. Dass nicht selten auf der Frisur ein fesches Hütchen thront, vollendet die vornehme Erscheinung.

Die andere Sorte waren die eher altmodisch wirkenden Omas mit langem Haar, von dem sie sich nicht trennen wollten. Das trugen sie in einem hübschen geflochtenen Dutt, entweder im Nacken (mit Netz) oder oben auf dem Kopf wie Oma Duck.

Natürlich gibt es zu allen Zeiten Rebellen und Avantgardisten, aber mir war in meiner Kindheit und Jugend noch nie eine wild gefärbte Oma unter die Augen gekommen. Man richtete sich stark nach den gesellschaftlichen Regeln, die vorgaben, was als ein angemessenes Aussehen empfunden wurde. Es mag sein, dass einige der älteren Damen mit großer Sehnsucht an ihre alte Haarfarbe dachten und sie sich zurückgewünscht haben, aber gefärbtes Haar, das war etwas für verzweifelte Kreaturen, die eher als »billig« rüberkamen. Echte Würde hatte die Farbe grau!

2 Mein Haar – mein Selbst

Das Haar ist immer da, egal in welcher Farbe es sprießt und wächst. Wohl auch, weil es auf dem Kopf sitzt und unser Gesicht einrahmt. Und dort gucken nun mal die meisten Menschen hin, wenn sie Menschen treffen – es sei denn, sie sind jung, männlich und mehr an anderen Körperregionen interessiert. Haare sind sehr ausdrucksvoll, sie repräsentieren Macht, Sexualität und sogar Status. Ja – und natürlich Alter. Haare sind uns selbst so wichtig, weil sie eine Verlängerung von uns sind, sie wachsen aus uns heraus, sind intim und persönlich. Sie leben und schützen die empfindliche Haut. Sie haben viele Farben und Schattierungen, sind mal stumpf oder glänzend, seidig oder fest, lockig, wellig oder glatt. Und wie man sie trägt, ist eine individuelle Ausdrucksform, die von Geld, Alter und Kulturkreis abhängig ist.

Frauen definieren sich seit Menschengedenken über Haare, deren Länge, Farbe und Fülle Glück oder Unglück, Erfolg oder Niederlage verheißen. Botticellis Venus ist mit nichts bekleidet außer ihren hüftlangen gewellten Haaren. Irrsinnig dünn ist sie nicht gerade, doch sie schämt sich offenbar nicht. Schließlich ist das Phänomen des krankmachenden, überwältigenden »Körperhasses« eine Entwicklung jüngeren Datums. Der Körper, der eigentlich immer für einen geradesteht, wenn man ihn einigermaßen gut behandelt, ist derart in Misskredit geraten, dass es einen gruselt. Damit sind nicht die bedauernswerten, depressiven Spargelstengel der Modebranche gemeint, sondern Durchschnittsfrauen – und eben auch Männer.

Inzwischen hat sich zu dem Hass auf den Körper auch der Hass auf die Haare entwickelt. Nie haben sie die richtige Form und entsprechen unserer Vorstellung von idealem, schönem Haar: falsche Farbe, glanzlos, zu dünn, zu brüchig, zu fettig, zu glatt, zu lockig, falsche Wirbel, komische Knicke. Das Traumhaar wäre: blond, dicht, seidig glänzend, leicht lockig, lang, perfekt gestylt. Beim Gehen würde es sanft um unsere Schultern schwingen wie lebendiges Gold, wir würden nur den Kopf schütteln, und Männer kämen aus allen Richtungen angelaufen, um uns Komplimente zu machen und Blumen und Geschenke zu bringen und um die Hand einer solchen Haardiva anzuhalten.

Schon in Sagen, Märchen und der Bibel spielen Haare eine große Rolle. Samson, der starke Mann mit dem herrlichen, kraftspendenden Haar, konnte Löwen mit links umlegen. Bis die verführerische und hinterhältige Delilah das Geheimnis seiner Stärke seinen Feinden verriet und ihm für schnödes Geld nachts die Locken scherte wie einem Schaf und ihn damit seiner Kraft beraubte. Von da an war er nur noch ein unbedeutender Schwächling mit einer schlechten Frisur, der ausgelacht wurde.

Der absolute Star des Haarkults in den gesammelten Märchen der Brüder Grimm ist natürlich Rapunzel, die eingesperrte Prinzessin mit dem Traumhaar. Heute hätte sie bestimmt einen lukrativen, lebenslangen Werbevertrag mit Schwarzkopf, Guhl, Wella oder L'Oréal. Das Mädel kennt weder Spliss noch glanzloses Flatterhaar. Leider haben die Brüder Grimm – und auch Rapunzel selbst – nie verraten, wie sie zu der unglaublich langen, belastbaren Mähne gekommen ist, an der sogar ein Prinz hochklettern konnte wie an einem Seil. Mit Olivenöl verrührtem Eigelb? Oder Geheimtinkturen aus Wurzeln, Enzianblüten und Adlerkotze vielleicht? Immer schön die Spitzen abschneiden? Ach, Rapunzel, warum bist du nicht zur Haarexpertin geworden und hast ein Buch über Haargeheimnisse geschrieben?

Ein Geheimnis, das im Grunde keines ist, kann ich selbst verraten: Rapunzel hat ihre Haare weder mit zu viel Sonne, Chlor, Salzwasser, Wasserstoffperoxyd, Ammoniak noch anderen Chemikalien kaputt gemacht. So einfach ist das.

Haare sind für Frauen so wichtig wie Schuhe. Denn das Selbstbewusstsein liegt nicht nur in, sondern auch auf den Köpfen. Perfekt gestyltes Haar soll zwar verschönern und sexy machen, aber heutzutage auch Kontrolle (das Leben mag durcheinander sein – aber das Haar ist es nicht) und Professionalität signalisieren. Gerade berufstätige Frauen verbringen eine Menge Zeit mit Färben und Stylen – bei sich zu Hause vor dem Spiegel oder bei ihrem Friseur. Der Haartick geht so weit, dass manche Frauen lieber nicht aus dem Hause gehen, wenn das Haar »nicht sitzt«.

Waschen, schneiden, legen

Das war schon immer so, aber die Regeln der Haarkultur waren für Frauen in den späten Fünfziger- und frühen Sechzigerjahren etwas einfacher. Es gab ein Shampoo im Haus für die ganze Familie, Haarspülung war noch nicht erfunden, Spliss keine ernsthafte Krankheit, Haarfestiger ganz was Neues. Ansonsten überließ man Haare, Frisuren und Geschmack dem Friseur um die Ecke, denn dafür war er schließlich da. Es stank dort nach Ammoniak, die Friseurmeisterin im türkisfarbenen Kittel wedelte mit dem Frisierumhang, Kundinnen blätterten in zerknitterten *Film-und-Frau*-Magazinen herum, und die riesigen Trockenhauben verbreiteten tropische Hitze und Flughafengeräusche, sodass Frisiersalons einer der wenigen Orte waren, wo Frauen zusammenkamen und über längere Zeit kaum redeten.

Meine Mutter war überhaupt nicht der Friseurtyp. Sie hatte über die Schulter fallende, lange, dunkelblonde Haare mit blonden Strähnen. Sie wusch ihre Haare oft selbst und steckte sie zu einer äußerst schicken Hochfrisur auf und strahlte so Weiblichkeit und Eleganz pur aus. Andere Muttis mochten es praktisch und gingen freiwillig alle vierzehn Tage zur Kaltwelle – das hieß zum Waschen, Schneiden, Legen – oder alle paar Monate zur Dauerwelle, für die man einige Stunden aufwenden musste.

Kinder hingegen kreischten bereits schon Tage bevor sie zum Friseur geschleppt wurden, eine Person, die scheinbar als Schreckgespenst wahrgenommen wurde. Kinder reagieren bis heute noch so, soweit ich weiß. Vielleicht verstehen sie intuitiv, dass ein Fremder in ihre Privatsphäre eindringt, über die sie noch keine Kontrolle haben, und an ihnen herumschnippeln will. Die Jungs kriegten damals Meckifrisuren oder den gemäßigten Militärschnitt mit akkuratem Seitenscheitel. Bei Mädchen waren Variationen möglich: Wenn sie klein waren, gab's den niedlichen ohrkurzen Bubikopf, als Schulkind waren Zöpfe, Affenschaukel und Pferdeschwanz möglich – und damit brauchte man, Gott sei Dank, nicht zum Friseur.

Ich hasste Friseure und konnte mich vor ihnen lange drücken, weil meine Mutter mir die Haare schnitt. Aber dann als Teenager ging das Theater um eine modische Frisur los und damit das heiße Thema: kurz oder lang? Wenn man wie ich im Jahre 1961 vierzehn war, hatte man kaum schicke Vorbilder in der neckischen Helmfrisurenriege der heimatlichen Musikidole. Teenagerstars wie Conny, Dorthe oder Gitte waren nichts für mich. Mich beeindruckte mehr der Stil der Existenzialistinnen, und ich wollte meine Haare entweder ganz kurz oder ganz lang mit Pony und Mittelscheitel tragen, landete aber irgendwo dazwischen. Und so entschied ich mich, selbst Hand anzulegen und mir mit einer Rasierklinge einen radikalen Raspelschnitt zu schnippeln nach dem Vorbild der amerikanischen Schauspielerin Jean Seberg.

»Du siehst aus wie ein Junge«, kommentierte mein Vater knapp.

»Gut!«, dachte ich für zwei Jahre und machte genüsslich Pause von der erschreckenden neuen »Weiblichkeit«, die mir auflauerte.

Langes Haar – wunderbar!

Aber auch Raspelschnitte verloren ihre modische Aktualität, und ich entdeckte wieder das Mädchen in mir und somit langes Haar. Mein heimliches Idol war Brigitte Bardot, mit der ich so viel Ähnlichkeit hatte wie Pippi Langstrumpf mit Sophia Loren, die ich übrigens beide auch sehr gern mochte.

Mein Vater, Fachmann und Frauenkenner mit fest umrissenen Meinungen, erklärte – obwohl nicht konsultiert –, dass Haare glatt zu sein hätten, wobei offene lange Haare eher ins Künstlermilieu gehörten. Aber ich bettelte so lange, bis ich mir die Haare wachsen lassen durfte. Als die Haare endlich über die Schultern fielen, gab mir eine bösartige Lehrerin einen Zettel mit nach Hause, auf dem stand, dass ich entweder einen Pferdeschwanz tragen oder mir die Haare abschneiden müsste. So relativ kurz nach dem Krieg gab es wohl noch immer das Gebot, »ordentlich« auszusehen. Ich war empört. Die Aufforderung, meine Haare kurz und gebändigt zu tragen, verletzte mein ästhetisches Empfinden und vor allem mein Freiheitsstreben.

Warum, weiß ich nicht mehr, aber ich lieferte die strenge Nachricht brav zu Hause ab und ließ mich von meiner Mutter breitschlagen, zum gefürchteten »Salon Karin« zu gehen und mir für 4,50 D-Mark eine richtige »Mädchenfrisur« schneiden zu lassen.

Das hieß: leicht angestuft über den Ohren, halber Pony, der zur Seite gestrichen wurde, und gekürztes Hinterhaar, das ich versuchte zu toupieren, weil das gerade in Mode war.

Ich bereute den Gang zur modischen Schlacht-bank sofort, fand mich doof und langweilig mit die-ser unbedarften Frisur. Aber Zeit heilt bekanntlich alle Wunden und lässt auch die Haare wachsen, und das war mein ganzes Streben.

Wie sich herausstellen sollte, war ich mit meiner Liebe zum langen Haar im richtigen Jahrzehnt. Entgegen allen Behauptungen befreiten die wilden Sechziger- und frühen Siebzigerjahre nicht so sehr den vermurksten Geist und die bürgerliche Moral, sondern das Haar, das immerhin in einem gleich-namigen Musical der Star war. Endlich wuchsen in voller Fülle bei Männern und Frauen gleicher-maßen die Haare ohne lästige Einmischung von Eltern, Lehrern und Haarartisten. Das Friseurge-werbe beklagte den Untergang der Frisur als solche und kriegte nur noch Matronen unter die Trocken-haube und knarzige Kriegsveteranen in den Marter-stuhl. Die Haare blieben weiterhin ziemlich lang, und lange Haare sind bis heute eine der liebsten Optionen für alle Mädchen und Frauen zwischen zwölf und 45.

Was aber jetzt dazuzukommen scheint – als rich-tiger Trend –, sind lange graue Haare bei älteren

Frauen. Lang *und* grau scheint vielen etwas viel auf einmal. Das gilt daher entweder als schick – oder als unmöglich. Letzteres wäre den Konzernen, die Haarprodukte herstellen, und den Friseuren wesentlich lieber. Aber viele Frauen haben sich inzwischen verbündet und stehen zu ihrem Grau!

3 Der Club der Grauhaarigen

Es gibt wirklich wichtigere Dinge, mit denen man sich beschäftigen kann, das ist klar. Aber eigentlich ist das Thema »Grauwerden« interessant, weil es global ist genauso wie das Altern selbst und absolut jeden irgendwann betrifft. Man fühlt sich wie in einer riesigen Gemeinschaft, einem mal tollen, mal traurigen Club, dessen Eintrittskarte graue Haare sind. Das kann man schrecklich finden und als einen Schlag gegen den Anspruch auf alleinige Originalität sehen. Andererseits aber eben auch positiv und ein bisschen tröstlich. Und wegen der Vernetzung der Welt kann oder muss heute keiner mehr im Alleingang durchs grauhaarige Leben gehen.

Natürlich nimmt besonders in einem Land wie den USA, wo das Haarfärben so natürlich wie Essen ist und die Schönheit des Haares überhaupt eine große Rolle spielt, auch das Thema »grau oder nicht« einen enormen Raum ein. Und dort wie auch hier in Europa lassen wir uns nicht als abservierte Alte ins Aus stellen, das ist doch klar. Trends setzen können wir auch! Und natürlich ist die graue Generation genauso up to date mit allen Feinheiten der modernen Kommunikationstechnologie wie die Jungen. Es gibt dauernd neue Websites.

»Going Gray, Looking Great« heißt eine sehr populäre Seite, inspiriert von dem gleichnamigen Bestseller von Diana Jewell. Dort geht es um das graue Haar mit allem Drum und Dran – von der Wurzel bis zu den Spitzen. Es gibt in den USA inzwischen geradezu einen Graukult. Gestandene, stolze – und man muss sagen, sehr attraktive – Frauen aller Altersgruppen outen sich als ehemalige Gefärbte wie bei den anonymen Alkoholikern. Ein Bereich der Webseite enthält persönliche Haargeschichten von selbst ernannten »Gray Girls« oder »Silver Sisters«. Ohne Scheu erzählen ehemals Gefärbte von dem neuen Leben mit seiner herrlich entspannten und selbstbewussten Qualität, von dem sie vorher nur träumen konnten. Holly, Debbie, Maureen, Susan, Sharon, Melody und Carol – alle haben sie sich von der Knechtschaft der pechschwarzen, hennaroten oder goldblonden Haare losgesagt und endlich den Schritt in die Freiheit ohne künstliche Farbe gewagt. Was man auch an dem mehrere Zentimeter breiten grauen Haaransatz sieht, den sie stolz wie eine Trophäe herumtragen.

Die »Silver Sisters« mailen und treffen sich sogar in verschiedenen Städten und schwärmen von einer Kameradschaft, wie man sie aus den Erzählungen von Kriegsveteranen kennt, die zusammen im Schützengraben gelegen haben. Und tatsächlich fühlen sich die älteren Frauen auch wie auf einem Kampfplatz, denn die Jüngeren im Mutterland des Jugendkultes sehen sich einer riesigen Zahl von über Sechzigjährigen gegenüber und wollen die toughe alte Garde teilweise gern aus dem Weg haben. Die aber schlug bisher immer zurück, was dazu führte, dass ein Großteil der Amerikanerinnen (inzwischen auch viele Männer) sich jahrelang beim ersten silbernen Schimmer ihre Haare färbten, um in dem Konkurrenzkampf nicht unterzugehen. Doch jetzt rebellieren sie in großer Zahl gegen den Färbekult, den sie selbst verursacht haben. Sie tragen dabei vielleicht ein bisschen dick auf und zeigen hier und da einen leicht missionarischen Charakter. Aber immerhin ist es eine gesunde und lebensbejahende Richtung, der man nur applaudieren kann. Es ist außerdem etwas einfacher, sein Grau zuzulassen, wenn man sich mit Gleichgesinnten umgibt anstatt mit jungen Menschen und ihrem farbintensiven Echthaar.

Auch in den morgendlichen Talkshows in den USA gibt es immer öfter längere Beiträge zum Thema »Okay to go gray«, in denen grau-silberne Frauen zwischen 45 und siebzig entweder souverän eine Lanze für graues Haar brechen oder sich bislang färbende Frauen einem klassischen »Vorher – Nachher« unterziehen. Einige Bücher über das Thema, allen voran das inspirierende *Going Gray* von Anne Kreamer, sind Bestseller.

Natürlich ist das Thema auch bei Zeitungen und Frauenzeitschriften top. In der amerikanischen Zeitschrift *More*, die sich an »erwachsene« Frauen richtet – das Wort alt ist bei Journalisten immer noch tabu –, sind graue Haare mit das meistkommentierte Thema. Und auch in unserer deutschen *Brigitte Woman* erschien unter anderem ein von mir verfasstes Plädoyer für graue Haare, das auf große Resonanz stieß. Generell sind Reaktionen zu Webseiten und Fernsehsendungen zum Thema graue Haare extrem positiv.

Klar, man muss vom Clubgedanken etwas abrücken, sonst landen wir wieder bei genau den gleichen Zwängen wie beim Färbebefehl. Und natürlich sind längst nicht alle Frauen begeisterte Anhängerinnen der Natur, sondern wehren sich gegen »Political Correctness«.

Nora Ephron, die mit 71 Jahren kürzlich verstorbene, ausgesprochen komische amerikanische Bestseller- *(Der Hals lügt nie)* und Drehbuchautorin *(Harry und Sally)* und Regisseurin, war eine überzeugte Färberin und nichts regte sie mehr auf und ließ ihre Zunge noch schärfer werden als Moralisieren.

»Graue Haare zu haben ist offenbar für manche Leute ein politischer Akt. Sie scheinen großen Wert darauf zu legen, ein wichtiges Statement daraus zu machen, so als gäbe es Pluspunkte für graues Haar. Und diese demonstrieren wohl moralische Überlegenheit.«

Frau Ephron hielt auch das für eine Art Eitelkeit – nur auf anderem Level.

Das wahre Motiv fürs Färben sah sie in der Angst der Frauen, ein Abbild ihrer Mutter zu sein. Dem kann man sowieso nicht entfliehen, meinte Nora Ephron, denn »das Einzige, was uns von unseren Müttern unterscheidet, ist neue Chemie aus der Flasche«. Ihre Mutter hatte als ältere grauhaarige Frau in den USA nämlich nur zwei Haarfarben zur Auswahl: blau oder rosa. Glücklich darüber, dass es heute wunderbare und haarschonende Produkte gab, und obendrein mit üppigen Haaren gesegnet, hatte Nora Ephron keinerlei Pläne, mit der Haarfärberei aufzuhören.

Ich färbe, also bin ich!

Ich selbst suche keine Clubs, wirklich nicht. Ich mag nicht dauernd etwas bestätigen, mich austauschen, abwägen, lästern, endlos quasseln und mich beklagen. Im Gegenteil. Mir sind Frauen, die rumsitzen und viel reden, eher unheimlich – und zu laut. Auch wenn ich selbst manchmal dazugehöre. Aber es ist ja doch so, dass gewisse Dinge einen nicht nur mit Freunden, sondern auch mit fremden Menschen verbinden: Kinder, Beruf, sozialer Hintergrund und eben das Alter. Und somit auch graue Haare, die sichtbaren und die verdeckten.

Ich wollte mich für dieses Buch nicht nur auf meine eigenen Beobachtungen und Interpretationen verlassen, besonders, weil es sich um ein so komplexes Thema wie Alter und Aussehen handelt. Also startete ich verschiedene kleine Umfragen, erst unter Freunden und Bekannten, die Mehrzahl davon Frauen. Und dann sprach ich auch grauhaarige fremde Menschen im Café, im Bus, auf dem Markt oder im Museum an. So etwas geht besser, als man denkt, auch wenn es am Anfang ein wenig ungewohnt ist. Natürlich konnte ich nicht auf eine meiner Meinung nach schlecht und offensichtlich gefärbte Frau oder einen Mann zugehen, um unverblümt zu fragen: »Warum um alles in der Welt färben Sie Ihre Haare? Das sieht doch jeder!« Umgekehrt war es dagegen einfach. Wer hört nicht gern: »Sie haben so schöne graue Haare, darf ich Sie mal etwas dazu fragen?«

Ich sah eines Tages eine Frau mit sehr hübschen perlgrauen Haaren in einem Café. Sie waren kinnkurz geschnitten, am Haaransatz waren sie ganz weiß, wie mit einem breiten Pinsel aufgetragen. Perfekt. Ich sprach sie an – sozusagen von Silberfuchs zu Silberfuchs. In solchen Situationen ist man sofort im Gespräch, ein kleiner flinker Blick und man weiß, dass man miteinander kann. Mir ist nicht klar, ob Männer das auch machen, dieses rasche Taxieren mit Röntgenblick, dem nicht die winzigste Kleinigkeit entgeht, egal ob es sich um Schenkel, Schuhe oder Falten handelt – oder eben auch um die Haarfarbe.

Als ich ihr erzählte, dass ich über graue Haare schreibe, war sie sofort Feuer und Flamme. Sie hieß Milena, war fünfzig und arbeitete bei einer Spendenorganisation. Ihr war auch aufgefallen, was für ein leidenschaftlich besetztes Thema das ist. Mit scheinbar ganz harten Fronten. Es erinnerte sie ein bisschen an die erbitterten Auseinandersetzungen der Raucher- und Nichtraucherlager, bei denen jede Partei die in ihren Augen perfekt ausgewogene und richtige Argumentation hat. Nun ist Rauchen aber keine Geschmackssache, sondern eindeutig eine Sucht, die andere Menschen belastet und ein massives Gesundheitsrisiko darstellt. Aber die Argumentationen ähneln sich trotzdem. Das trotzige »ich rauche gern« findet man in der Welt der Haarfärberei als »ich färbe gern und finde das sehr schön« wieder. Letzteres darf ohne Frage jeder für sich entscheiden, ohne anderen Menschen zu schaden.

Wir begannen sofort, alle im Café sitzenden Frauen prüfend anzugucken. Nicht überraschend, waren sie in der Mehrzahl. Es war wie ein freches, kleines Spiel, ein bisschen pubertär vielleicht – es fehlte nur noch das Prusten –, aber es war auch lustig. Da saßen fünf Frauen so Ende vierzig, Anfang fünfzig, schlank, attraktiv, sehr gut und teuer angezogen, sie sprachen holländisch. Auffallend war, dass sie im Grunde alle dieselbe scheußliche Haarfarbe hatten, obwohl ihre Frisuren unterschiedlich waren und auch ihre Hauttöne komplett verschieden. Und zwar blond-braun mit einem rötlichen Stich – und rauswachsendem dunklen Scheitel mit Silberfäden. Es muss irgendwo ein geheimes Dokument in den Friseursalons Europas liegen, das Folgendes bestimmt: Wenn man grau wird und obendrein seine Haarfarbe sowieso nicht mag, sind schlecht gemachte Strähnen und ein wenig Blondierung die einzige Option.

Worüber wir beiden uns wunderten, war die ewig nicht beantwortete Frage aller Fragen: »Sehen die Frauen das nicht selbst?«

Ein paar Wochen später, als wir uns zu einem erneuten Schwatz über gutes Grau und schlechte Farbe trafen, gestand sie mir, ich hätte sie mit dieser Guckerei derartig angesteckt, dass sie jetzt auch Haarfarben und -färberei ins Visier nehme.

»Überall, wo ich hingehe, gucke ich zuerst auf die Köpfe – egal ob Männer oder Frauen. Und ich fange sogar schon an, meinen Freund in die Seite zu stupsen und ihn auf jemanden aufmerksam zu machen.«

Farbgeständnisse

Alle Frauen, mit denen ich mich unterhalten habe, beantworteten Haarfragen gern – manchmal auch mit einem Seufzer. Keine entzog sich den Fragen und auch nicht den Konsequenzen der eigenen, sie selbst überraschenden Ansichten, die dabei herauskamen. Ich hatte sogar das Gefühl, dass einige erleichtert waren, einmal in epischer Breite über das Thema sprechen zu können. Und meist war es das erste Mal, dass sie ehrlich über eine Tatsache reflektierten, über die sie doch mehr nachdenken beziehungsweise an die sie alle paar Wochen durch den Scheitel erinnert werden, als sie meist zugeben. Auch wenn diese »Geständnisse« wahre und kluge Erkenntnisse enthielten, so gaben die meisten zu, dass sie, was die Angst vorm Altern angeht, irgendwo in einer ziemlich ängstlichen und angepassten Ecke gelandet waren.

Ganz anders reagierten die befragten Männer. Sie waren über die Frage eher erstaunt. »Was, graue Haare sind ein großes Thema?« Es war nicht wirklich überraschend, dass sie scheinbar bedeutend weniger über graue Haare nachdenken als ihre Frauen, es ist für sie offenbar nicht sehr wichtig. Lanzen werden dieser Tage selten für Männer gebrochen, aber ich breche mal eine: Männer akzeptieren und lieben ihre Frauen meistens so, wie sie sind, mit allen Schönheitsfehlern und Falten, bedeutend mehr, als die Frauen sich selber lieben. Zu den eigenen grauen Haaren der Männer kommen wir später.

Aber lassen wir erst mal die Frauen selber sprechen.

Rose-Lynn (56)
ist eine amerikanische Fotografin und sehr geschickt gefärbt. Ihre kurzen Haare haben auch nicht den leblosen, zu dunklen Braunton. Ich kann sie mir allerdings sehr gut mit hübschen Salz-und-Pfeffer-Haaren vorstellen. Warum genau färbt sie, wenn wir mal beiseitelassen, dass sie Amerikanerin ist – und Amerikaner mehr färben als alle Nationen zusammen?

»Das stimmt. Färben ist für Frauen Tradition in Amerika. Wir tun es automatisch und hinterfragen das gar nicht. Ich sehe aber inzwischen immer mehr Männer, die ganz klar keine echten dunklen Haare haben! Dabei sehen Männer natürlich fabelhaft mit grauen Haaren aus! Gemein. Ich färbe, um jünger und besser auszusehen. Ich mache es aber selber, da habe ich mehr Kontrolle. Ich habe vor zwei Jahren einmal versucht, bedeutend weniger Farbe zu nehmen und einfach ein paar vorwitzige graue Haare stehen zu lassen. Ich fand aber, es sah irgendwie durcheinander aus, und habe es mir gleichmäßig übertönt. Ich lebe in einem Land, in dem die Jugend den Ton angibt und Alter unerwünscht ist. Und graues Haar ist eben das offizielle Zeichen dafür, dass du deine Jugendlichkeit aufgibst und dein Altsein deklarierst. Färben gibt mir das Gefühl, in keinerlei Kategorie zu gehören, irgendwie undefinierbar zu sein, und ich mag diesen Effekt.

Einige Frauen sehen toll aus mit kurzen grauen Haaren – Jamie Lee Curtis und Joan Baez fallen mir da ein. Ich traf neulich eine ältere grauhaarige Frau auf einer Party, die auch fantastisch aussah. Sie hatte einen pfiffigen Haarschnitt und war originell und jugendlich angezogen. Ich habe eine Freundin, die einfach ihr Haar gern färbt – mal blond, mal braun, mal rot. Das ist fast wie ein Hobby. Mir wäre das zu anstrengend.

Ich war neulich mit einem Paar beim Essen und fragte die Frau, ob sie mal darüber nachgedacht habe, ihre Haarfarbe rauswachsen zu lassen. Verrückterweise hatte sie genau das Thema einen Tag vorher mit ihrem Friseur diskutiert. Sie würde es eigentlich gern machen, findet aber, ihr graues Haar sehe aus wie Schamhaar, und das findet sie natürlich scheußlich. Der Ehemann gab dann auch noch seinen Kommentar ab: Es sei eine sehr unfaire Angelegenheit, das wisse er, und leider sei es auch die konventionelle Meinung, aber Männer sehen mit grauen Haaren besser, Frauen einfach schlechter aus. Am liebsten hätte ich ihn ans Schienbein getreten!« Eine kleine Fußnote finde ich hier angebracht. Kurz vor Andruck des Buches schrieb mir Rose-Lynn: »Ich hab's gewagt! Ich habe seit Wochen aufgehört zu färben. Das verdanke ich auch deinem Generve! Ich gefalle mir sehr!«

Eva (53)
ist Lehrerin und will nicht dem Bild des »ältlichen Fräuleins« entsprechen, weil ihr sonst die Autorität abhandenkommt, die man dieser Tage dringend in der Schule braucht. Ihr halblanges Haar ist mittelblond gefärbt.

»Im öffentlichen Dienst will man sich einfach anpassen, glaube ich. Ich denke über das Thema im

45

Moment nicht so sehr nach. Ich habe mich so an das Nachfärben des Haaransatzes gewöhnt, dass es für mich eine Routine ist, so wie den persönlichen Haushalt in Ordnung zu bringen. Eine periodische Aufgabe, die erledigt werden muss, um sich um eine Sache weniger, nicht eine mehr zu sorgen – nämlich graue Haare. Neulich saß ich mit vier älteren Freundinnen zusammen, und schon unterhielten wir uns nur noch über knirschende Kniescheiben, Rückenschmerzen, Rheuma, hohen Blutdruck, Fußoperationen und so weiter. Wir fingen an zu lachen. Und dann sollen wir obendrein auch noch grau sein? Nein. Auch deshalb lieben wir Haarfarbe!«

Sarah (52)

ist Malerin und gleichsam der dunkelhaarige Klassiker mit kinnlanger Pagenfrisur und blauen Augen. Alles echt bis auf eine leichte Tönung.

»Ich finde ja, Färben hat etwas mit Hautfarbe, Augenfarbe und dem Typ insgesamt zu tun. Gerade Dunkelhaarige sehen mit grauen Haaren oft toll aus. Ich selbst habe nur am vorderen Haaransatz graue Haare, das sieht sehr komisch aus, finde ich. Würde ich immer einen sommerlichen Teint haben, dann könnte ich mir vorstellen, nicht zu tönen. Im Moment passt es noch gut zu mir. Ich würde nie zu weit von meiner natürlichen Farbe abweichen.

Schlecht gefärbte Köpfe finde ich schrecklich, sowohl blond als auch schwarz. Besonders fürchterlich finde ich Zweifarbigkeit und durch Färben ruiniertes Haar.

Eigentlich ist mir das alles wurscht – darum habe ich auch keine Meinung zu grün oder lila gefärbten Köpfen. Und wenn es glücklich macht, ist es auch nicht peinlich. Irgendwelche Vorurteile – ob nun gegen Grauhaarige oder Gefärbte – sind mir gleichgültig. Auch was Männer sagen. Ich hatte mal für eine Weile nicht getönt und war vorne grau, das hat keinen Mann gestört.

In unserer Familie färben nur die Frauen – das ist wohl meistens so. Meine Mutter ist rötlich-braun, meine Oma war dunkelbraun gefärbt, weil sie beide ursprünglich brünett sind. Mein verstorbener Vater hatte fast keine grauen Haare und hätte sie sich nie gefärbt. Da sieht man es mal wieder, die Gleichberechtigung auf dem Kopf hat immer noch nicht stattgefunden.«

Barbara (55)

ist Literaturwissenschaftlerin und hat sehr dickes halblanges Haar, das in einem leichten Mahagoniton gefärbt ist.

»Ich färbe meine Haare seit ewigen Zeiten, längst bevor ich graue Strähnen hatte. In der Oberstufe hatte ich blonde Strähnen, und als ich in meinen Zwanzigern war, benutzte ich Henna und fand das irre exotisch. Ab vierzig habe ich dann einfach rotbraun gefärbt. Eigentlich aus ästhetischen und beruflichen Gründen. Ich mache das natürlich selbst, denn der Friseur ist mir zu teuer. Im Grunde ist die ganze Färberei nur eine Gewöhnungssache, die mich letztlich nervt. Aber alles rauswachsen zu lassen wäre ein gruseliges Projekt, und ich weiß nicht wirklich, wie es aussehen würde. Manche Leute haben herrliches weißes und graues Haar und sehen jung aus. Aber unsere Kultur respektiert alte Menschen kaum und rennt hinter allem Neuen und Jugendlichen her. Ich glaube, wir waren auch so, als wir jung waren …

Ich bin nicht neugierig darauf, wie ich ungefärbt aussehe. Ich will so bleiben wie jetzt und den Alterungsprozess ein wenig verlangsamen, das ist alles. Wichtig ist, dass es nicht künstlich aussieht, sonst würde ich sofort aufhören. Leider gibt es die Tönung nicht mehr, die ich benutze. Wenn mein Vorrat aufgebraucht ist, sieht es schlecht aus mit meinem herrlichen Fake-Haar! Ich glaube schon, dass ich letztendlich mit dem Färben aufhöre, wenn ich total grau werde.

Mein Friseur, mein Freund und meine Familie finden mein Haar gut so. Wahrscheinlich denken sie aber nicht darüber nach. Meine Mutter hat ein Jahrzehnt lang ihre Haare braun gefärbt, aber jetzt ist sie weiß und sieht sehr hübsch aus. Na ja, mit achtzig ist das auch angebracht. Alte gefärbte Frauen finde ich schlimm!«

Marcia (49)

schreibt Drehbücher und hat glattes, schulterlanges, sehr dunkles Haar.

»Ich fühle mich tatsächlich mit grauem Haar älter und sehr blass und langweilig. Ab und zu checke ich mal, wie das Grau aussieht. Ich habe es schon öfter mal in Jobpausen ein Stück rauswachsen lassen. Außerdem gucke ich mir meine älteren Familienmitglieder an, die schon grau sind.

So ähnlich würde ich dann auch aussehen. Für mich ist das alles kein Thema von ›Stigma‹, wenn ich denn grau wäre, sondern persönlicher Vorliebe. Ich habe schon alles gesehen: schöne graue Haare an jüngeren Frauen, die damit toll aussahen, nicht so schöne an älteren und umgekehrt. Oder schlecht gefärbte an älteren und ganz jungen und wirklich perfekt gemachte Tönungen, die jedem stehen würden. Ich gehe danach, was besser aussieht – ganz einfach. Mein Mann hat tolle Salz-und-Pfeffer-Haare. Viele meiner Freundinnen färben, und sie tun auch nicht so, als ob das ein großes

Geheimnis wäre. Ich habe überhaupt kein Problem mit gefärbten Haaren. Besonders nicht mit verrückten und verspielten Ideen. Ich finde das kreativ. In jedem Alter.«

4 Haarfarbenjunkies gegen Naturmädels

Es sind mal wieder die Blondinen schuld. Blondinen haben nicht nur mehr Spaß als ihre dunkelhaarigen Schwestern, angeln sich Millionäre und werden generell bevorzugt. Studien haben zudem herausgefunden, dass sie mehr Geld verdienen, öfter heiraten, ihnen mehr geholfen wird, sie mehr Spendengelder eintreiben und dazu glücklicher, aber keineswegs dümmer als Dunkelhaarige sind. Blondinen haben auch beim Thema graue Haare die besseren Karten. Die wenigsten Blondinen färben ihre Haare im Alter so stark, dass sie auffallen. Ein Grund dafür ist, dass ihr Haar sich langsam einfach versilbert oder in einer Weise ergraut, dass es auch ohne chemische Nachhilfe meist recht hübsch aussieht. Natürlich erzeugt das den Neid der ehemals Dunkelhaarigen, die sich mal wieder von den Blondies übervorteilt fühlen.

So sieht es jedenfalls meine dunkelhaarig gefärbte 59-jährige Freundin Anette (selbstverständlich ist der Name geändert, sonst gäbe es Mord und Totschlag, und ich hätte eine gefärbte Freundin weniger).

»Von blond zu grau ist doch kein riesiger Unterschied«, greint Anette, die einmal im Monat zu einem namhaften teuren Coiffeur rast, um den verräterischen grauen Haaransatz mit schwarzer Farbe im Keim zu ersticken. Weswegen ich ihr den »Schneewittchen-Komplex« attestiere, der besagt, dass eine Frau um jeden Preis schwarzhaarig bleiben will, weil sie es einmal war.

O ja, die Fronten der Schneewittchens und Graufüchse sind knallhart und vollgepackt mit schlauen Argumenten des Für und, fast noch mehr, des Wider. (Steht mir nicht. Färben sieht doch keiner. Grau macht alt. Männer finden das nicht sexy.) Es ist ja auch ein bisschen so wie früher bei den heißen Diskussionen in den verschiedenen Rockmusiklagern: Rolling Stones gegen Beatles. Das waren ja unversöhnliche Fronten. Beide Bands sind gut, aber eine ist eben doch unerreichbar besser. (Beatles natürlich!) Und wenn das diskutiert wird, dann schwingt immer noch die Leidenschaft eines unbelehrbaren Fans mit. Vielleicht gibt es aber trotzdem einen akzeptablen Weg aus dem Wirrwarr des Haares, ohne zu bewerten, zu moralisieren und zu politisieren?

Sich mit Händen, Füßen und Chemie derartig gegen jegliches »Altern« zu wehren – so auch bereits verzweifelte 38-Jährige, die ihre Fältchen täglich beobachten – ist relativ neu. Gerade heute werden der, wie ich finde, drängende Wunsch und die Suche nach dem Selbst, dem »optimierten« Selbst, immer offenkundiger. Optimiert heißt hier in der Regel »jünger«. Fakt ist aber auch: Sehr viele Frauen, die seit Jahrzehnten färben, wissen nicht mehr, wie sie mit ihrer natürlichen Haarfarbe aussehen, also irgendwie auch nicht, wer sie sind.

Ja, natürlich, wir wollen alle attraktiv aussehen bis in den Tod: Aber muss das Zeit und Geld kosten und obendrein noch schädlich sein? Gefärbte Haare sind letztendlich nur ein kleiner Versuch, die Natur zu überlisten und Jan Klappermann von der Schippe zu springen.

»Für mich gelten die Regeln der Natur nicht«, trumpfen die Färberinnen auf. »Ja, ich bin eigentlich grau, ich bin nicht mehr jung, aber nur weil die Welt grauer wird, muss ich es nicht sein. Ich werde es nicht einfach hinnehmen, wozu gibt es ›sinnliches Schwarz‹ und ›Chrystal Champagne‹ (wirkliche Namen) in der Drogerie.« Das ist ein starkes und auch vertretbares Argument. Viele behaupten, der einzige Grund, warum Frauen früher nicht so viel färbten, bestehe darin, dass es keine guten Haarfarben gab, nicht, weil sie es nicht wollten.

Insgesamt ist die Akzeptanz von Realitäten leider stark aus der Mode gekommen, wobei es wohl am

allerschwersten ist, die Tatsache, dass wir altern, an-
zunehmen. Dabei gibt es tatsächlich natürliche Sta-
dien und Abgrenzungen im Leben, an die sich am
Lebensanfang auch alle halten, ohne dass es Protest
geben würde. Ziehen wir einem Baby ein pailletten-
besticktes Minikleid über den prallen kleinen Körper (hoffentlich nicht!)? Oder stülpen eine Perücke über seine Halbglatze? Oder ziehen ihm einen
kleinen Anzug mit Krawatte an? Nein, wir akzeptieren den natürlichen Zustand des Babys und kleiden
es altersgemäß und gleichzeitig praktisch. Sich innerhalb eines bestimmten Rahmens zu bewegen
ist so, als habe man eine nützliche Wanderkarte, die
Orientierung gibt und die Richtung weist. Und
wenn man die natürlichen Grenzen wahrnehmen
und ihnen einen authentischen, selbst gemachten
Rahmen geben würde, könnte man ganz harmo-
nisch damit leben. Aber erzählen Sie das mal den
überzeugten Färberinnen!

Kleine Haarspaltereien ...

Da Frauen sich gegenseitig so stark und genau beobachten wie die Schlange das Kaninchen – und
ihnen nichts entgeht, was Äußerlichkeiten betrifft –,
können sie selten objektiv sein. Frauen untereinan-
der müssen immer vergleichen: das Aussehen, den

Mann, den Beruf, den sozialen Status. Und hat eine Frau graues Haar und sieht gut damit aus, dann könnte es ja sein, dass die Gefärbten auch gut damit aussehen würden. Wäre das nicht auch eine positive Inspiration?

Das sehen besonders kompromisslose Färberinnen natürlich nicht so. Sie fühlen Verrat am gesamten Geschlecht, so als hätte die Nichtfärberin einen Vertrag gebrochen und die Färberinnen bloßgestellt! Wer sich also (farb-)echt gibt und frohgemut der Tyrannin Natur unterordnet, sticht heraus und stört und erntet deshalb nicht nur Zustimmung oder gar Komplimente. Vielmehr gibt es häufig eisige Ablehnung und einige ziemlich gehässige Kommentare, wie sie nur unsere goldigen Geschlechtsgenossinnen gleichen Alters erfinden können.

Eine gleichaltrige Bekannte, die seit vierzig Jahren den gleichen, einst pfiffig aussehenden Kurzhaarschnitt in der immer noch gleichen Farbe hat, regte sich richtig über mich auf. Als ich sie – in scherzhaftem Ton – gefragt hatte: »Wie schaffst du das mit dieser herrlichen, gleichbleibenden Farbe?«, zischte sie mir zu: »Dir täte es auch mal gut zu färben!«

Aber warum löst ungefärbtes Haar Unbehagen und manchmal Aggressionen – nur bei Frauen natürlich – aus? Welches Gebot wird hier verletzt? Und welche sicherlich vielschichtigen Gefühle werden provoziert?

Fest steht, dass Frauen gern Gleichgesinnte um sich herum haben und es nicht mögen, wenn andere Frauen aus dem engen Frauenverband ausbrechen und ihr eigenes Ding machen, das dann auch noch so sichtbar ist. Einer sehr klugen Freundin platzte irgendwann der Kragen, denn sie wollte einfach nicht mehr etwas Kritisches über Haare – egal ob lang oder kurz, grau, kariert oder froschgrün – aus dem Mund von anderen Frauen hören.

»Es ist nicht zum Aushalten, dass Frauen scheinbar nie aufhören, sich gegenseitig zu be- und verurteilen. Noch weniger kann ich verstehen, dass nur eine von ihnen die Pflicht verspürt, sich für ihre Haarlänge oder -farbe bei der Mutter, der Chefin oder den Freundinnen zu rechtfertigen, wenn sie für ihre Entscheidung kritisiert wird.«

Aber den Zustand der Unabhängigkeit haben wir noch nicht erreicht. »Du bist mutig!«, wird dann auch von vielen Frauen süffisant gesagt und ist nicht wirklich als Kompliment gemeint, wenn man grau ist – und bleiben will. Also hat es heutzutage etwas mit Mut zu tun, authentisch zu sein? Wow! Ich wiederum finde es mutig, wenn 65-Jährige mit unnatürlich pechschwarzem Haar herumlaufen, den falschen Farbton auch noch leugnen und jeden Tag den grauen Scheitel beobachten wie ein Detektiv, der Beweismaterial für die Untreue einer Ehefrau sucht.

Ja, dir steht das!

Die andere typische Bemerkung, die sich laut meiner Umfragen *alle* grauhaarigen Frauen anhören müssen, ist das berechnende: »Ja, bei dir sieht das auch gut aus!« Sehr viele braunhaarige Frauen waren ihr Leben lang gesträhnt oder blondiert und konnten ihre Umwelt mit den herrlichsten vorgetäuschten Blondtönen narren. Beim Grauwerden geht es dann um die nackte beziehungsweise graue Wahrheit. Jeder kriegt das Grau, nein, nicht das er verdient, aber das ihm per Natur zugewiesen wird. Und der Ton gefällt gerade den ehemals Dunkelhaarigen sehr oft nicht.

Ja, es sind immer »die anderen«! Man hört das besonders bei Frauen, die immer bereit sind, ihre eigene Schönheit nicht anzuerkennen und andere Frauen attraktiver zu finden. Natürlich gibt es wenig Objektivität in der Welt der Selbstwahrnehmung. Natürlich gleichen wir uns nicht wie ein Ei dem anderen. Aber es gibt eine gewisse Ähnlichkeit des Alterns und auch der grauen Haare, eben die Zeichen der Erfahrung und des bisherigen Lebens, die man niemals leugnen kann und sollte. Und die machen uns auch als Grauhaarige aller Schattierungen ein wenig ähnlich. Darauf zu bestehen, dass man selbst eben ganz anders ist als alle anderen, ist hier eher eine schützende Ausrede. Unter all den Frauen, die ich kenne, gibt es nicht eine einzige, die ich unmöglich oder hässlich in grau finde. Nicht eine einzige!

Es gibt natürlich ein sehr gutes Argument der Befürworterinnen des Färbens, dass nämlich Individualität und Originalität sich in den verschiedensten Formen und Haarfarben zeigen dürfen. Selbstentfaltung ist mit das höchste Gut überhaupt.

Manche sind so tolerant, dass sie selbst der Grünen-Chefin Claudia Roth ihre mal postgelbe, mal wurzelrote Mireille-Mathieu-Frisur kommentarlos zugestehen. Völlig richtig. Theoretisch gesehen. Das Gegenargument wäre aber hier: Es sieht scheußlich aus! Objektiv scheußlich! Das liegt aber im Auge des Betrachters, würden strenge Philosophen kontern, und »über Geschmack lässt sich streiten«.

Eines der überzeugendsten Argumente für die Definition von Schönheit und Attraktivität könnte der Begriff »Natürlichkeit« sein – die einen sehr schweren Stand hat im Zeitalter von Lady Gaga & Co. und auch der großen Schlauchbootlippensippen, die uns in den Klatschblättern dargeboten werden – lächeln können sie ja kaum noch. Natürlichkeit ist aber nicht nur passé, sondern wird kaum als Option wahrgenommen, da sie paradoxerweise als »unnatürlich« gilt, weil es doch so unglaublich viele Möglichkeiten zur Verwandlung gibt. Der Frauentyp, der als natürlich – also ungefärbt, ungeschminkt und uneitel – betrachtet wird, wird immer auch sehr schnell als nicht sexy und provinziell gesehen. Hauptsächlich, weil eine Frau, die sich nicht sichtbar um ihr Aussehen bemüht, als eine Frau gilt, die »nichts aus sich macht«.

Gutes Gift – böses Gift

Das beste Argument für Natur pur ziehen natürlich die Ungefärbten aus der Tasche, wenn es um Chemie und Schädlichkeit geht. Facebook, das sich selbstredend auch dem Thema Haarfarben widmet, hat einen Blog, der »Bye Bye Hair Dye« heißt. Wunderbar, dass im Englischen färben (dye) und sterben (die) gleich ausgesprochen werden. Deshalb liest man in Blogs oder Artikeln oder hört in Gesprächen auch gern den ironischen Ausdruck »to dye for«, wenn es um das Thema Färben geht. Was man mit der sonst positiven Begeisterungsbekundung »ich könnte dafür sterben« übersetzen kann.

Sterben wird man wahrscheinlich nicht an dem steten Gift auf dem Kopf, aber man könnte auch fragen, warum beim Aussehen Ökologie und Gesundheit plötzlich keine Rolle spielen. Wieso gibt es so viele umweltbewusste Frauen im Biorausch, die sich eins mit der Erde und der Natur wähnen, gegen Abgase, Pelze, Tierversuche und Atomenergie marschieren, jede falsch gedüngte Kartoffel ahnden und doch vollkommen ignorant sind, wenn es um die Chemie auf dem Kopf geht? Da haben sie dann kein Problem, sich jahrzehntelang schädliche Substanzen auf Haare und Kopfhaut aufzutragen. Typisch inkonsequente Frau? Alles soll Bio sein – von der Baumwolle bis zum Klopapier –, nur der Mensch scheinbar nicht. Oder hört bei der Eitelkeit die Strenge auf, und es wird mit anderen Maßstäben gemessen?

Natürlich sind giftige Chemikalien seit ewigen Zeiten Bestandteil aller möglichen Kosmetik, vom Lippenstift, früher auch dem Make-up, bis zur Wimperntusche, aber das Haar wird am meisten gequält. Dabei ist es im Grunde ein Naturkind und liebt eigentlich keine Einmischung in seine natürliche Form und Farbe. Deshalb ist es auch so zickig und störrisch und widersteht ziemlich lange chemischen Prozeduren. Oder rächt sich mit ungewollten Tönen wie zum Beispiel dem versehentlichen Karottenton, dem gefürchteten Messingstich oder sogar einem leichten Grünschimmer (beim Blondieren). Alle diese misslungenen Farbtöne führen zu Tränenausbrüchen. Jeder gutmeinende und verantwortungsvolle Friseur wird selbst seiner besten Kundin die gruselige Wirkung der schädlichen Chemie eingestehen. Dauerwellen, Strähnen, Blondiercremes und Haarfarben schaden dem Haar – egal wie sehr man das verharmlosen oder elegant umschreiben möchte. Es ist keine Frage, dass die heutigen Haarfarben und Tönungen bedeutend schonender sind als noch vor zwanzig Jahren, und natürlich gibt es inzwischen »Naturfarben«, die das Haar etwas weniger strapazieren. Allerdings sagten mir die meisten Frauen, dass ihnen die Vorstellung, Gift auf dem Kopf zu verteilen, nicht wirklich gefällt und sie deshalb, soweit es geht, alle Henna nehmen. Aber dann entsteht das »Henna-Problem« (über das später noch berichtet wird).

Umfallerinnen

Doch selbst wenn man sich an seinen Status als »erwachsene« – mein neues Wort für »alt« – Grauhaarige gewöhnt hat und ihn auch mag, gehören doch eine ganze Menge manchmal zu der Gruppe der fast Verführten, denn nicht alle Naturalistinnen halten durch. Die stehen öfter mal unzufrieden vor dem Spiegel, kommen sich langweilig, alt und hässlich vor und hätten am liebsten neue Haare, einen neuen Mann und überhaupt ein neues Leben und einen neuen Look.

Eigentlich haben sie sich über die Jahre an ihr Grau gewöhnt und mögen ihr Haar sogar gern. Und dann, ganz plötzlich, eine seltsame Bemerkung, vielleicht von einem Mann, an dem sie interessiert sind, oder von einer strengen Tochter – und das alles auch noch an einem Tag, an dem sie besonders empfindlich sind und von widersprüchlichen Emotionen heimgesucht werden –, und schon sind diese Frauen Freiwild für verrückte Ideen. Wie zum Beispiel spontan einen Friseur aufzusuchen, der um einen neuen, »aufgefrischten« Look angefleht wird.

Eine Freundin von mir, die besonders hübsche dunkle lange Haare mit feinen Silberfäden hatte, schockierte mich vor kurzer Zeit mit seltsam eintönigen dunklen Haaren. Ich bemerkte sofort, dass sie gefärbt hatte, und fragte sie nach dem Motiv. Irgendetwas musste passiert sein. Ein Blick in den Spiegel bei ungünstigem Licht oder misslicher Laune, das Durchblättern von Magazinen mit zu vielen Fotos von nicht grauhaarigen Filmstars und Berühmtheiten? Nun hatte sie so lange durchgehalten – sie ist 67 – und war doch überraschend umgekippt.

Folgendes war passiert: Ein Freund, den sie jahrelang nicht gesehen hatte, hatte sie besucht und leichthin, aber mit nahezu gespielter Überraschung bemerkt: »Oh, du bist ja irre grau geworden, das habe ich vorher nie bemerkt.« (Hier zur Erinnerung an Freunde und Verwandte: Bitte diese Bemerkung ganz aus dem Vokabular streichen, sonst wird mit dem ebenso liebenswerten »O mein Gott, du bist aber dick geworden!« gekontert.)

Daraufhin fragte sie ihren Mann und einen alten Hausfreund, der oft zu Besuch kam, beide Männer ungefärbt und auch 67, ob diese auch fänden, dass sie sehr graue Haare bekommen hätte. Die wanden sich ein bisschen wie Aale, sagten schließlich gedehnt: »Nööö, eigentlich nicht.« Dann aber gestanden sie, nachdem meine Freundin insistierte und noch mal eindringlich nachhakte, dass eine Tönung vielleicht doch ganz schön sein würde. Und schon saß sie beim Friseur.

Es ist wirklich nichts Verwerfliches an einer Tönung, aber ich fand, dass sie vorher schöner aussah, das Haar lebte, war persönlich und unnachahmlich. Das sollte man sich merken: Haarfarbe und Haarstruktur sind so individuell wie Fingerabdrücke und Lebenslinien. Wenn man sie stark ändert, verliert man etwas.

Was mich allerdings viel mehr störte, war, dass sie allen Ernstes zwei Männer fragte und sich, ohne zu zögern, deren Diktat unterwarf.

»Ist doch egal«, sagte sie abwehrend, als ich mein Bedauern über den Schritt äußerte, »es kommt doch nicht auf die Haarfarbe an.«

Auch wieder typisch, diese widersprüchliche Haltung, und im Grunde auch nicht ehrlich. Wenn es so egal wäre, ob blond, braun, rot oder grau, warum darf dann echtes Grau bei diesem Farbenspiel keine gleichberechtigte Starrolle spielen?

Ich muss gestehen, ich ging irritiert nach Hause. Da sah ich ihn wieder, den Konflikt in seiner kleinen, alltäglichen Gestalt: hin und her gerissen zu sein zwischen dem Wunsch nach Authentizität und Natürlichkeit und dem schwer zu widerstehenden Zwang, sich dem Jugendwahn und gesellschaftlichen Status quo zu beugen.

Es ist natürlich immer am besten, wenn man sein Selbstbewusstsein, was die Äußerlichkeiten anbetrifft, auf einem stabilen Level halten kann und sich und seine Naturhaare wirklich schön und passend findet. Je älter man wird, desto mehr glaubt man wohl manchmal, dass Alter nur anderen passiert und man selbst wie durch Magie irgendwo in der angenehmen Zone zwischen vierzig und maximal fünfzig stehen geblieben und vom allgemeinen Alterungsprozess ausgenommen ist. Trotzdem kann es gut sein, dass man sich in einem Haufen von weiß- und grauhaarigen alten Damen wiederfindet und fragt, ob man etwa auch so aussehe. Und vor allem, ob das denn so sein muss? Könnte man nicht … nur so ein ganz kleines bisschen Farbe … platinblond vielleicht oder ein paar rote Strähnen?

Natürlich kann man und darf es auch. Und ja, selbst so überzeugten Silverellas wie mir sind Zweifel sowie die Anfälligkeit zur Verführung nicht fremd. Auch ich hatte hin und wieder diese störende Sehnsucht nach Verwandlung, nach Frische und Überraschung, so wie damals mit sechzehn. Irgendeine Kleinigkeit müsste ich doch machen können, fand ich eines schönen Tages, als ich eigentlich ein Buch fertig schreiben sollte. Einfach nur einen Hauch blonder, mehr nicht. Und dazu muss ich ja nicht einmal zum Friseur gehen. Also versuchte ich es mit einer Packung »Nordic Perlmutt«-Coloration, was auf dem vorderen Haupthaar auch okay aussah. Aber meine unteren, nichtgrauen dunkelblonden Haare wurden seltsam rotstichig. Es war furchtbar. Ich weinte und fluchte gleichzeitig. Und die obsessive Beschäftigung mit dem »verfärbten« Haar war noch viel intensiver als vorher die mit dem »langweiligen« grauen. Denn es ist leider so: Farbe ins Haar zu lassen ist ein bisschen so, wie mit Jehovas Zeugen ins Gespräch zu kommen: Man wird sie nicht wieder los. Oder wie Schokolade oder Eis zu essen: Einmal angefangen, kann man schlecht wieder aufhören.

Ich versuchte verzweifelt, Abhilfe mit einer aschblonden Tönung zu schaffen, dann mit ein paar hellen Strähnchen, dann mit ein paar dunklen. Das Resultat beglückte mich nicht. Und ich schwor mir, nie wieder starke Tinkturen an meine Haare zu lassen. Noch habe ich es durchgehalten.

Gisa, eine überzeugte Grauhaarige, stöhnt manchmal: »Ich fürchte, wir beide werden unser Haar selbstbewusst ungefärbt bis ans bittere Ende tragen.

Hin und wieder habe ich auch Fantasien, aber das vergesse ich dann sehr schnell wieder und bin hinterher froh, dass ich unabhängig bin von einer fremden Schere und mich nicht einem Missgriff in einen Farbtopf ausliefere …«

5 Haargeschichte(n)

Es ist verblüffend zu sehen, wie sehr unser Verhältnis zu Schönheit, zu Haarlängen, Frisuren und eben auch zum Färben von der Familie geprägt ist.

Unsere persönlichen Präferenzen und Ideen, ob wir grau schön oder schrecklich finden, hängen stark von den Frauen und Männern unserer Familie ab. War die geliebte Oma eine rostrote Langzeitfärberin? Und die Mutter eine ungerechte, aufbrausende Frau mit frühzeitig ergrautem Haar oder eine liebevolle, blondgefärbte Vorstadtsirene? Sah Papi auf dem Kopf wie ein elegant grau melierter Herr aus oder mehr wie eine schreckliche Kreuzung aus Silvio Berlusconi und Arnold Schwarzenegger?

Wen man liebt und bewundert, den möchte man kopieren, egal worin. Je negativer eine Mutter, ein Vater, Großeltern oder auch Geschwister empfunden wurden, desto mehr möchte man sich später als Erwachsener abgrenzen. Bloß nicht so wie sie werden, diesen Stoßseufzer der Angst kennt jeder bezüglich der eigenen Familie. Besonders das Verhältnis von Mutter und Tochter gestaltet sich häufig ausgesprochen konfliktreich.

»Meine Mutter färbte sich bis zu ihrem Tod die Haare. Und ganz, ganz ehrlich, es sah absolut scheußlich aus, es war einfach nicht sie. Aber da war nichts zu machen. Als sie dann sehr krank wurde, wuchs ganz einfach ein breiter grauer Streifen heraus, bis sie starb. Nie im Leben möchte ich je so aussehen«, erzählte mir eine gefärbte Freundin emotionsgeladen. »Das Verrückte war, dass ihre eigene Mutter relativ früh grau wurde, nie färbte und sie selbst das als Kind nicht mochte. Ich nehme an, dass sie es deshalb anders machen wollte. Und nun bin ich selbst dort angelangt, wo ich nicht wie meine Mutter mit diesem Graustreifen sein möchte.« Wie sie das Dilemma lösen wird, weiß sie noch nicht.

Eine andere Bekannte schwärmte von ihrer Oma, die bis zum Tod ein kräftiges Dunkelbraun auf dem Kopf trug und auch damit starb, denn als sie nicht mehr zum Friseur laufen konnte, kam eine nette junge Friseurin zu ihr nach Hause. »Für mich ein tolles Bild. So kann ich mir das auch für mich später gut vorstellen, auch wenn ich jetzt nur ein paar silberne Fäden habe.«

Wieder eine andere Frau erzählte etwas Erstaunliches, das zeigt, wie begrenzt unser kleines Familienuniversum sein kann: »Ich wusste lange Zeit gar nicht, dass Frauen überhaupt graue Haare kriegen. Ich hatte da noch nie drüber nachgedacht, bis mir klar wurde, dass meine gesamte Familie, Männer und Frauen, ihr ganzes Leben lang die Haare färben. Meine 83-jährige Mutter überlegte sich mal, ob sie ihr kastanienbraunes Haar weiß rauswachsen lassen sollte, aber sie hat wenig Haar, und dann sieht man die rosa Kopfhaut, was sie nicht mag.«

Und noch ein wichtiger Punkt fiel ihr dazu ein: »Ich kenne meine Mutter ja nur so, und deshalb sieht sie für mich gefärbt mehr wie sie selbst aus. Es geht doch auch für den Betrachter um Vertrautheit.«

Familienfarbpalette

Bis auf eine angeheiratete Tante, die einem künstlichen Rotstich verfallen war, war meine ganze Familie samt Anhang tatsächlich ziemlich ungefärbt. Mein Großvater hatte einen fülligen, auffällig schlohweißen Schopf, meine Großmutter war dezent braungrau, meine dunkelblonde Mutter trug lange blonde Strähnen und wurde erst mit achtzig so hübsch grau, dass sie bis zu ihrem Tod als Neunzigjährige oft auf ihre schulterlange klassische Ponyfrisur angesprochen wurde. Meine ältere Schwester färbt genau wie ich nicht.

Mein Vater war ein ziemlich gut aussehender und recht eitler Mann, vielleicht weil er in der Werbebranche arbeitete, vielleicht weil er auch mal Schauspieler war. Solche Erfolgsmenschen achten sehr auf ihr Image und sind oft unter den Vertretern der »Forever Young«-Philosophie zu finden, und theoretisch war er eitel genug, um mit Haarfarbe zu liebäugeln.

Mitte vierzig bekam er graue Schläfen und schien nicht damit zu hadern. Im Gegenteil. Wahrscheinlich hatte er Cary Grant im Blick – meine Eltern sahen oft amerikanische Filme – und dachte, so könntest du das auch machen. Und er lag damit richtig. Er war auch kritisch und sah wahrscheinlich mit Schaudern die gleichaltrigen, amateurhaft peinlich gefärbten Herren der späten Fünfziger- und frühen Sechzigerjahre vor sich. Sehr oft gab es gefärbte Männer im täglichen Leben damals allerdings nicht. Da es keine wirklich guten und natürlichen Haarfarben gab, kamen noch häufiger als heute falsche Haartöne heraus, und überhaupt galten gefärbte Haare als unmännlich und höchst verdächtig. Lediglich Menschen im Unterhaltungsgewerbe, Schlagersänger, Varietékünstler, Schausteller auf dem Jahrmarkt oder das bunte Zirkusvölkchen, gestand man eine gewisse Exzentrik zu – und daher auch Haarfarbe. Wirklich ernst nahm man solche Männer allerdings nicht.

Erinnern Sie sich an den wunderbaren Film *Die fabelhaften Baker Boys* mit den Brüdern Jeff und Beau Bridges, die zwei heruntergekommene Barmusiker spielen? Während Jeff mit Traumhaar gesegnet ist, versucht sein Bruder auf der Toilette vor einem Auftritt die leichte Platte am Hinterkopf zu vertuschen, indem er seinen Bruder bittet, die kahle Stelle mal eben mit brauner Farbe aus der Spraydose zu verdunkeln.

Als ich Kind war, gab es einen älteren Musiker, der alle paar Wochen in unserer Vorstadtsiedlung mit einer abgeschabten Gitarre auftauchte, sich auf die Bank auf dem Spielplatz setzte und etwas klimperte. Er hatte einen sehr intensiven braunen Haarton, und wir mutigen Kinder, die es wagten, uns an ihn heranzupirschen, waren überzeugt, dass er mithilfe von Kohle oder Schuhcreme Haare auf seiner Halbglatze vortäuschte und seine Koteletten angemalt hatte.

Faszinierend, fanden wir. Gefährlich, fanden die Eltern und riefen uns schnell rein. Männer, die färben, waren nichts für Kinder.

Silberstaub

Vielleicht ist es nicht nur die Familie und unsere Umwelt, die Einfluss darauf nehmen, wie bestimmte Farben auf uns wirken. Vielleicht tragen wir auch eine innere Farbpalette mit uns herum, deren Farben uns magisch anziehen. Ich mochte graue Haare immer gern, vielleicht auch, weil ich Silber, Chrom, Stahl, Art déco, Flanell und eben alle Grautöne schöner fand als Gold und Gelbstichiges. Als ich siebzehn war, gab es zur Faschingszeit in der Drogerie Puder in einem kleinen Gummifläschchen, den man herausdrücken konnte und der die Haare in ein schimmerndes Silber färbte – falls man irgendwo als Eisprinzessin oder Oma antanzen wollte. Wir feierten keinen Fasching, aber ich fand das so toll, dass ich mir den Puder auf den Haaren verteilte und allen Ernstes voll versilbert zur Schule ging – heimlich natürlich, denn meine Mutter hatte wenig Sinn für meine bizarren Ideen. Leider waren schon nach einer halben Stunde meine Finger, mein Blusenkragen, meine Wangen und meine Ohren silbern, denn das Zeugs färbte wie verrückt. Aber in der Pause starrten mich auf dem Schulhof alle fasziniert an. Ich hatte zwar einen Ruf als Modeavantgardistin, aber das war schon ziemlich gewagt, wenn man bedenkt, dass es noch keine bunten Haare gab und Punk erst zwanzig Jahre später erfunden wurde. Dass ich eines Tages wirklich einmal ohne Puder grausilber sein würde – das war natürlich noch nicht einmal eine verwegene Fantasie in der Vorstellung eines Teenagers, der an die ewige Jugend glaubte.

6 Verfärbte Welt – das große Geschäft mit der Farbe

Fast alles, was mit Schönheit und den dafür erfundenen Tinkturen, Pulvern und Tricks zu tun hat, ist uralt. Die Ägypter, die Römer, die Griechen – alles eitle, schönheitsbesessene Völker. Man könnte eigentlich sogar davon ausgehen, dass Eva ziemlich bald, nachdem sie gesündigt und ein Gefühl für Nacktheit und Scham, also auch Aussehen, bekommen hatte, an die Dekoration ihrer bis dato etwas schmucklosen Person dachte – Zeit genug hatte sie ja. Hier ein Feigenblatt, dort eine Blume im langen Haar. Ich will nicht behaupten, dass sie die Helena Rubinstein des Paradieses war, aber das spielerische Ausschmücken zwecks Verführung ist ein ureigener weiblicher genetischer Impuls, der dazu beiträgt, die Art zu erhalten. Und wie immer wieder in aufwendigen Forschungen festgestellt wurde und wird, haben sich unser Kopf und unsere Kultur scheinbar noch nicht an die Evolution angepasst. Vielleicht bleiben deshalb auch unbewusst die meisten färbenden Frauen emotional in der Haarfarbe stecken, die sie hatten, als sie noch gebärfähig waren, weil sie sich damit immer noch begehrenswert fühlen. Und bei dieser Gewohnheit mit Verpflichtungscharakter bleiben sie dann. Die größte Entzauberung wäre es, wenn graues Haar sichtbar würde. Dem deshalb also der Kampf angesagt werden muss.

Die Welt ist verfärbt, egal ob die Menschen blond, grau, braun, rot oder schwarz sind. Haarfärbeprodukte sind weltweit mit das größte Geschäft. Tönen oder Färben ist so einfach geworden wie Zähneputzen oder Haarewaschen, die Tinkturen sind angeblich sogar »pflegend« – und wer es gern glauben möchte, hat hinterher nicht nur schönere, sondern auch gesündere Haare. Natürlich ist Haarefärben auf die Dauer schädlich, selbst der durchtriebenste Friseur gibt das zu. Warum wohl gibt es so viele Produkte, die »Hair Repair« heißen?

Auch das Wort »färben« hat scheinbar einen hässlichen Klang bekommen. Es suggeriert etwas Negatives, eine Täuschung, so als wäre man mit dem, was man hat, nicht zufrieden (was man ja auch nicht ist). Längst werden Haarfarben »Coloration« genannt, das klingt sehr weltläufig, leicht und perlend wie ein Glas Champagner. »Das Haar schimmert, hat mehr Reflexe als ein Spiegel in der Sonne«, wird gar in der Werbung versprochen.

Auch mit einfachen Farbbezeichnungen ist es nicht getan. Welche Frau heute kennt nicht den verwirrenden Gang in den Drogerien durch die Reihen mit den unzähligen Färbeprodukten wie Glossy Colors, Sublime, Casting, Country Colors, Live Color XXL, Coloriste, Essential Color, Blonde, Brillance, Diadem und so weiter. Über 200 Haarfarbennamen wie beispielsweise »Nougat«, »Graphit« und »Florida« füllen die langen Regale. Bei den meisten kann man sich absolut nichts vorstellen, aber man verliert sich in der Fülle und entwickelt Selbstzweifel an der momentanen Haarfarbe. Gibt es nicht doch etwas, was uns verschönern oder verjüngen kann? Vielleicht liegt ja in der Sieben-Euro-Packung noch eine ganz unerwartete Glückssträhne, die noch nicht ausgereizt ist?

Natürlich ist das Haarefärben von den verschiedenen Traditionen der Kulturen beeinflusst. Alles in allem kann man aber sagen, dass ein riesiger Teil der weiblichen Weltbürgerinnen seit gut fünfzig Jahren dem Blondwahn verfallen ist – von Ost bis West. Ob es an Filmstars, Vorurteil oder Mythologie liegt, helles Haar verspricht nach wie vor glücksbringende Macht, Schönheit, Erfolg, Reichtum und Sex. Blondes (und langes) Haar repräsentiert außerdem das Besondere, die Unschuld, das Kind, den Engel. Nur: Dieses helle, seidige, lichtdurchflutete Haar gibt es bloß noch in Märchen, an Models und internationalen Stars, die ironischerweise zu 99 Prozent eigentlich braunhaarig sind inklusive Marilyn Monroe, Madonna, Brigitte Bardot, Catherine Deneuve, Scarlett Johansson, Cate Blanchett, Heidi Klum, Maria Furtwängler und andere. Echte Blonde sterben aus.

Und leider erkennt man die traurige Tatsache noch deutlicher an den alltäglichen Durchschnittsblondinen. Die junge internationale Fake-Fraktion brilliert nicht etwa mit neiderfüllenden und kompetent gefärbten blonden Haaren der Superklasse, sondern schockiert mit dunklen Haaransätzen, die – außer dass sie Schlampigkeit zeigen – oft ein provozierendes Statement machen sollen. Das Unechte ist hier ein stolzes Bekenntnis, nicht etwa ein Versuch der Täuschung. Das Resultat ist meist ein Desaster mit trübsinnigen Farben auf kaputtem Haar, die an Zuckerwatte, altes Stroh, Briefkästen oder Messingleuchter erinnern. Nicht nur cool agierende junge Frauen, sondern auch ältere Italienerinnen und Spanierinnen lieben dieses hässliche Blond und ziehen es scheinbar dem dunklen Farbton ihrer Originalhaare vor, selbst wenn sie noch nicht grau sind.

»Färbt sie – oder färbt sie nicht?«

Angefangen hat die »Hausfärberei« aus der Packung in den späten Fünfzigerjahren in Amerika mit der Firma Clairol, die eine Rezeptur entwickelte, die weniger schädlich war als alles bisher Angebotene. Vorher trug man entweder Natur oder ließ den Friseur mit Wasserstoffperoxyd die Farbe herausbleichen, um so ein gelbliches Blond zu erzwingen. Aber plötzlich konnte man Haarfarben wie Lippenstift und Make-up einsetzen und selbst bestimmen, welcher Frauentyp man sein wollte: rassig in blauschwarz so wie Elizabeth Taylor oder Jane Russell, tizianfarben wie Rita Hayworth oder so blond wie Marilyn Monroe oder Kim Novak. Farbe war sehr wichtig – gerade nach den dunklen, entbehrungsreichen Tagen des Krieges. Färben hieß daher auch, dass man die Farbe schon sehen sollte. Wo läge sonst der Sinn darin? Schwarz oder rot waren am eindeutigsten eine Farbe. Das war so ein bisschen wie die deutsche Ferienknipserei in den frühen Sechzigerjahren, als plötzlich alle Personen möglichst viel Buntes mit vor die Kamera bringen mussten (bunte Handtücher, Hütchen, Gummitiere). Der Einsatz des teuren Agfa-Films sollte sich ja lohnen.

Die Amerikaner waren schon immer die Vorreiter der Werbebranche, das ist bekannt. Niemand erkannte so clever, witzig und erfolgreich den Puls der Zeit, niemand analysierte, ironisierte und dramatisierte die Wünsche und Ängste der Nation origineller und treffender. Und natürlich lässt sich an den Werbekampagnen für Haarfärbeprodukte über die Jahrzehnte wunderbar der sich ständig wandelnde Zeitgeist erkennen – ebenso wie die sich ändernden Rollen der Frauen. Ende der Sechzigerjahre, eigentlich eines der aufregendsten Jahrzehnte, als Frauen eher zu neuen, »natürlichen« und vor allem emanzipierten Ufern strebten, warb Clairol mit einer jungen, vergnügten Mutter mit herrlich glänzendem Haar und goldigen Kindern. »Does she or doesn't she?« – Färbt sie, oder färbt sie nicht? – war der über Jahre berühmteste Slogan.

Und ob sie färbte! Aber eben so perfekt, dass niemand den Aufwand ahnte. Denn jetzt konnten sich die Frauen in ihr eigenes Badezimmer einschließen und dort mit Plastikhandschuhen, Hauben, Flaschen und fleckenerzeugenden Tinkturen hantieren, bis das Bad wie ein Schlachtfeld aussah. Dieser Schritt ins Private, den die Frauen kontrollieren und so der Färbezeremonie etwas Magisches und Selbstbewusstes verleihen konnten, trug immens zum Siegeszug des Färbens bei. Vom Preis, der unter drei US-Dollar lag, einmal ganz abgesehen.

Genial – wenn auch verlogen in seinem vorgetäuschten Feminismus – war die Kampagne von

1975, die sich an die 68er-Generation wandte, die langsam an jugendlicher Frische verlor. »Sie haben zwar einen Mann auf den Mond geschickt, aber wieso können sie mein Grau nicht überdecken, ohne meine natürliche Haarfarbe zu verändern?«

Eine sehr berechtigte Frage, deren Beantwortung eigentlich bis heute aussteht.

Nun, Clairol hatte wie immer die Antwort – mit dem zärtlich klingenden Produkt »Loving Care«, das ohne Peroxyd auskam und »ganz natürlich« das eigentlich ja ebenso natürliche Grau überdeckte. Ein Meilenstein. Am Schluss der Anzeige sieht man eine merkwürdig spießig aussehende junge Frau mit einer gemäßigten dunklen Ballonfrisur, sie deutet nichtsdestoweniger vorsichtig das »Peace«-Zeichen an, und dazu kann man den lustigen Satz lesen: »Wenn sie jetzt nur eine Frau auf den Mond schicken würden!«

Tönung »Made in Germany«

Die Erfahrungen vieler Frauen mit dem Haarefärben umfassen ja tatsächlich oft viele Jahre und reflektieren Mode, Ideale und den Lifestyle eines jeden Jahrzehntes. Oft fangen sie bereits in den Teenagerjahren an. Ich selber wurde – neiderfüllt – mit dem Färbebazillus im eigenen Hause konfrontiert.

Meine Schwester ging 1962 als dunkelblondes Aupair-Mädchen in die USA – und kam als platinblondes Glamourgirl zurück. Dank eben jenes Wundermittels von Clairol. Wahnsinn!

Gott sei Dank kam dann in Deutschland die Tönungswäsche Poly Color aus der Tube auf den Markt. Ich als aschblonde 17-Jährige brauchte unbedingt etwas mehr Pfiff auf dem Kopf – es durfte nur nicht zu sehr auffallen, denn mein Vater, der zwar den Unterschied zwischen Grießbrei und Vanillepudding nicht kannte, zeigte überraschend geradezu detektivisches Verhalten, wenn es darum ging, seine Töchter prüfend zu taxieren. Alles, was ihm ein klein wenig überzogen erschien – zartrosa Nagellack, perlmutterfarbene Lippen –, gehörte für ihn zu der Kategorie »frühreif«. Ich kaufte mir für 1,95 D-Mark Poly Color »Goldblond« und blieb jahrelang dabei. Es war nur eine schwache Tönung, deshalb half ich manchmal zusätzlich noch mit Salzwasser, Kamillentee und Zitronensaft nach.

Die Idee, seine Haarfarbe zu ändern – was ja nur eine preiswerte kosmetische Verschönerung und keine massive Veränderung bedeutete –, war so verführerisch, weil eine kleine Tube ungeahnte magische Kräfte und Chancen enthielt. Es war ja »die Verwandlung«, hinter der wir alle her waren. Das Spiel des Sichsuchens und Sich-neu-Erfindens. Und der Impuls ist natürlich am stärksten, wenn man jung ist – und kommt wohl auch hin und wieder zurück, wenn man älter geworden ist. Ich wollte einfach jemand anderes sein, nicht das dunkelblonde, hübsche Mädchen aus gutem Hause, sondern jemand, der verrückt und sexy war und auffiel.

Letztendlich aber lag der wirkliche Effekt, den die Haarfarben für alle Mädchen und Frauen hatten, nicht so sehr darin, wie sie tatsächlich *aussahen*, sondern wie sie sich *fühlten*. Und da hatte jede junge Frau ihre eigenen Vorstellungen. Blond, sexy und rebellisch wie Brigitte Bardot oder pechschwarz wie eine Vampirbraut. Um richtig herauszustechen reichten mein Mut und der zarte Schimmer von »Poly« auf meinem Haar allerdings nicht. Platinblond oder rot wären zu Hause verboten gewesen. Und so wusch sich die Farbe nach ein paar Wochen raus. Später entdeckte ich dann meine jahrelang anhaltende Leidenschaft für weißblonde Strähnen – und das war das Ende der braven Tönungswäsche.

Ich musste auf die schrillen, punkigen Siebziger- und Achtzigerjahre warten, um von den aufsehenerregenden Frauen der Zeit erneut inspiriert zu werden. Debbie Harry von der Kultband Blondie wirbelte in ihrer schwarz-weißen Stinktierfrisur über die Bühne im New Yorker East Village, und die Sängerin, Songschreiberin und Schauspielerin Cyndi

Lauper war mit ihren grünen und rosa Haarsträhnen so ziemlich das Grellste, was man je gesehen hatte. Ja, einer ihrer Hits lautete: »Girls just wanna have Fun!« – auch auf dem Kopf, das war die Devise. Niemand sah in gefärbten Haaren mehr eine ernsthafte Bemühung, um hübsch auszusehen. Bunte Köpfe bedeuteten Ironie und Anarchie, waren ein Kommentar über die Spießergesellschaft und gleichzeitig die Abwendung und Abgrenzung von ihr.

Auch ich war natürlich immer noch Rebellin und kaufte von der Firma »Manic Panic« in New York herrliche, auswaschbare Farben in Grün und Fuchsie und tunkte meine Haarspitzen hinein. Bei all den Lobpreisungen über graues Haar in diesem Buch wollen wir nämlich nicht vergessen, dass es Spaß macht, mit ein bisschen harmloser Farbe auf dem Haar zu spielen und sie manchmal dazu zu benutzen, Vorhandenes ins rechte Licht zu rücken. Die Intention ist hierbei klar und verliert dadurch sofort den Verdeckungs- und Verzweiflungscharakter, der bei stark Gefärbten so ins Auge sticht.

Farbtherapie

Frauen sind ja bekannt dafür, dass jede Form von Konflikt – sei es mit Männern, dem Selbstbild oder dem Job – oftmals unweigerlich auf eine neue Frisur hinausläuft oder eben eine neue Haarfarbe. Unvergesslich unsere inzwischen bis zur Unkenntlichkeit von Kopf bis Fuß durchoperierte Cher, die 1987 in dem wunderbaren Film *Mondsüchtig* eine komplizierte junge Witwe mit grauen Strähnen spielte, die brüsk die schwärmerische Anbetung eines jungen Pizzabäckers – gespielt von Nicolas Cage, heute übrigens selbst ein berüchtigter Färber – zurückweist. Als sie endlich Mut fasst, sich zu ihrer schlummernden Sinnlichkeit zu bekennen und eine Veränderung zu wagen, was tut sie als Erstes? Sie färbt sich das Grau weg und – voilà! – landet mit dem Bäcker im Bett und liebt ihn so heftig, dass die inzwischen schwarzen Locken nur so fliegen.

Auch die modewütige Carrie aus *Sex and the City* färbte sich für eine Saison die blond gesträhnten Haare dunkelbraun, einfach um ein neues Lebensgefühl zu kriegen, nachdem sie eine Affäre gebrochenen Herzens beendet hatte. Haarfarbe als Herzschmerzkitt – eine preiswerte Angelegenheit.

Sich die Haare zu tönen war und ist außerdem immer noch die schnellste und effektivste Methode, um sich modisch schnell etwas aufzurüsten. Natürlich, einer dieser neuen engen »Bodyshaper«, sexy High Heels, roter Lippenstift oder eine sorgfältig gestylte Frisur können auch in null Komma nichts eine beachtenswerte Wirkung hervorrufen. Aber das sind alles nur Leihgaben, die verschwinden, bevor man ins Bett geht. Haarfarbe bleibt und hält mindestens einen Monat. Oder wie meine Freundin Kerstin sagt: »Länger als einige meiner Beziehungen.« Und macht scheinbar manchmal auch glücklicher.

7 Mein Friseur und ich – oder Grausein ist billiger

»Ich muss unbedingt zum Friseur!« Wer kennt nicht den Seufzer einer färbenden Freundin, die, Panik in der Stimme und einen abenteuerlich geschlungenen Schal um den Kopf, zum Kaffee erscheint. Frauen, die färben lassen, brauchen ihn dringend, den meist teuren Farbmeister, der die Illusion einer frischen, echt aussehenden, von keinerlei Altersspuren gezeichneten Haarfarbe aufrechterhalten muss.

Die amerikanische Autorin Anne Kreamer, die in ihrem Bestseller *Going Gray – How to Embrace Your Authentic Self with Grace and Style* (Grau werden – Wie Sie Ihr authentisches Selbst mit Würde und Stil umarmen) ihren holperigen Weg von einer überfärbten Fünfzigjährigen zu einer stolzen Grauhaarigen mit viel Humor beschreibt, hat nachgerechnet. Sie ging 24 Jahre lang mindestens einmal monatlich zu einem für New Yorker Verhältnisse mittelteuren Friseur und kam auf 65.000 US-Dollar. Sie fragte dann ihren Bankberater, wie viel das Geld heute wert wäre, wenn sie es angelegt hätte, anstatt es beim Friseur zu lassen. Rund 300 000 US-Dollar, war seine Schätzung. Also, eine hübsche Eigentumswohnung oder eine Finca in Mallorca oder ein schöner Rentenzuschuss. Viel Geld also, aber es geht wohl nicht anders, wenn das Haar nach Farbe ruft!

Sagen wir doch, wie es ist. Der Friseur fungiert als eine Art Drogendealer, wenn man den Grad der Abhängigkeit und die Dringlichkeit der Aktion bedenkt. Er besitzt nicht nur das Vertrauen, sondern auch die Macht, denn derjenige, der Farben und Schere in der Hand hat, ist immer Diktator und Sieger in einem. Irgendwo ist ein Leben mit Friseur wohl auch wie ein Leben mit einem Erpresser, den man nicht loswerden kann, weil er sonst plaudern könnte. Deshalb haben viele Färberinnen mit dem Hüter ihres Haargeheimnisses ein fast so intimes Verhältnis wie mit dem Ehemann oder Lover. Ich bin mir ganz sicher, dass es viele berühmte Leute in der Entertainment-Eitelkeitsbranche gibt, die ihrem Friseur des Vertrauens vertraglich das Versprechen abverlangt haben, keine Geheimnisse bezüglich der Haarfärberei an die Boulevardpresse auszuplaudern. Färbende Berühmtheiten brauchen einfach loyale Komplizen, die für sie durch dick und dünn gehen und noch am Pranger und mit Daumenschrauben angetan darauf bestehen, dass allein die Natur für das herrliche Mahagonihaar verantwortlich ist und nicht »Excell 5« (wie eine Herrenhaarfarbe heißt).

Aber es hat mehr Gründe – außer finanzielle –, warum der monatliche Gang zum Friseur eher zur freudlosen Pflicht geraten könnte, wenn wir es nicht gerade als wunderbaren, erholsamen Luxus empfinden, den Scheitel mit Farbe bepinselt zu kriegen und wertvolle Stunden in einem Friseurstuhl in einem albernen Umhang zu verbringen. Friseurbesuche offenbaren gleichzeitig auch die unangenehmen Tatsachen. Der verräterische Scheitel in Grau und Silber, der sich in das Bewusstsein gräbt, ist die ständige Erinnerung daran, dass wir alt geworden sind und auch weiter alt bleiben. Dabei muss es nicht so sein!

Hier ist mein Geheimtipp: Wenn man Grau grau sein ließe, hätte man viel weniger damit zu kämpfen. Sicherlich, es kann mal sein, dass man an einem großen Spiegel vorbeigeht oder sich in einem Schaufenster sieht und denkt, wer ist diese fremde, alte Person mit dem grauen Haar – davor bewahrt einen keiner! Aber wenn man nicht besessen ist, dann kann man sehr wohl sein graues Haupt ertragen und gewöhnt sich ganz einfach aus Gewohnheitsgründen an den gleichbleibenden Anblick, der von keinem andersfarbigen Scheitel gestört wird.

Schreckliche Geschichten

Wir wollen hier natürlich nicht allgemein über die Haarkünstler richten und sie verdammen. Sie haben ihren festen und wichtigen Platz in der Gesellschaft und sich oft als Retter in der Not erwiesen.

Friseure können aufgrund ihrer Position wirklich sehr gute und komische Geschichten über die Köpfe der Kundinnen erzählen, eben auch, weil manche von ihnen über ihr Haar mit der Allmacht eines Herrschers – oder eifersüchtigen Liebhabers – wachen. Und wehe, man hintergeht ihn.

Hier ein Beispiel: Eine Freundin, die sich für eine neue tolle Haarstylistin entschieden hatte, sah neulich auf einer Galerieeröffnung ihren langjährigen Friseur, dem sie bereits zweimal »untreu« geworden war, und versteckte sich plötzlich hektisch hinter einer Säule. Er sollte nicht sehen, dass sie eine neue Frisur hatte, die *nicht* von ihm stammte. »Na und?«, mögen die unabhängigen und naiven Heimstylistinnen sagen, »wir leben doch in einem freien Land.« Ja, sicher, aber Haarland hat seine eigenen Gesetze und Grenzen.

So gibt es sehr viele Frauen, die seit Jahren immer zum selben Friseur oder zur selben Friseurin gehen. Nicht nur aus Bequemlichkeit oder weil er so gut ist, sondern einfach, weil sie sich nicht den strengen Fragen des dominanten Schnipplers entziehen können, der vorwurfsvoll sagt – sollte man einmal *sehr* lange nicht da gewesen sein: »Wo waren Sie so lange?« Ist es nicht wirklich komisch, wie ein Friseur erwachsene Frauen zu schuldbewussten Teenies werden lässt? Sie erfinden ganze Geschichten, nur um nicht von einem Mann, der ihnen ans Haar will, gerügt zu werden.

Aber es ist kein Wunder, dass eine solche Vertrauensperson eine wichtige Rolle im Leben vieler Frauen spielt, denn es werden ja dort in den Tempeln der Veränderung und Verschönerung immer schon die Haare wortwörtlich runtergelassen. Man kommt ins Plaudern, Probleme und Krisen werden offen erörtert, und plötzlich weiß er (oder sie) alles über den Sohn, der mit einem Joint erwischt wurde, das überraschende Tattoo der chilenischen Putzfrau, Hund Jimmys lustige Sucht nach teurer Biobitterschokolade oder über die Laktoseintoleranz des Ehemanns.

Natürlich vertieft sich über die Jahre eine solche Beziehung, ist fast so intim wie Sex, hält manchmal auch länger als Ehen – und gleicht ihnen nicht selten. Und wie in richtigen Ehen gibt es auch bei Haar-Ehen Frust, Eifersucht und Enttäuschung, wenn es an Aufmerksamkeit mangelt und das einst so engagierte Gefummel des Meisters über die Jahre liebloser wirkt. Das hat dann natürlich einen tieferen Grund.

Dazu kam mir eine tolle Geschichte zu Ohren, die gewisse Elemente einer Seifenoper enthält. Sie handelt von einer untreuen »Friseurhure«, die es wagte, von einem Friseur zum anderen zu hüpfen, praktisch »Friseurhopping« betrieb. Als sie wieder zu ihrem alten Coiffeur Alexis zurückwollte, um sich unbemerkt zum Nachfärben einzureihen, hatte sie die Rechnung aber ohne Kamm und Pinsel des Meisters gemacht. Ist man untreu gewesen und tut so, als wäre nichts geschehen, dann weiß man nichts über Friseure. Ein prüfender Blick aus kajalumrandeten Augen genügte, seine Hände fuhren missbilligend durch ihr Haar, ihre Blicke trafen sich im Spiegel, und dann fragte er spitz: »Hat jemand anderes Ihre Haare gefärbt?« Die Kundin gestand, dass sie fremdgegangen war, das Vertrauensverhältnis und die Herzlichkeit schleppten sich fortan so glanzlos wie das Haar dahin, und letztendlich wurde das Verhältnis ganz aufgekündigt.

Meine Freundin Karen, die herrlich erzählen kann, berichtete uns ihre Haarhorrorgeschichte, die sehr lustig ist, auch weil sie in der Vergangenheit liegt. Karen war bei dem jungen attraktiven Friseur Kamal, der eigentlich als Assistent arbeitete, aber sehr überzeugend und stilsicher mit seinen eigenen rötlichen Strähnen in seinen schwarzen Prachtlocken wirkte. Karen wollte nur eine »ganz zarte Tönung mit einem winzigen Kastanienschimmer«, glaubte auch, das sehr eindeutig vermittelt zu haben. Aber scheinbar hatte Kemal verstanden: »Bitte, machen Sie mich zur unübersehbaren Hennakönigin und zum Gespött meiner Freundinnen!« Das Haar war laut Karen so rot »wie das einer Puffmutter«, und sie behauptet, dass sie tobte und drohte, »den Laden auseinanderzunehmen« und ihn verklagen zu wollen. Doch letztendlich war sie dankbar, dass sie ihr Kapuzensweatshirt anhatte, um unbemerkt nach Hause eilen zu können. Aber es ist eben so, dass auch Tragik und Unglücksfälle manchmal helfen, das echte eigene Haar neu zu entdecken und den Hass auf den ehemaligen Erzfeind im Kittel später in Dankbarkeit umzuwandeln.

Für viele Frauen waren traumatische Erlebnisse bei den professionellen Haarkünstlern der Grund für lebenslange Panik und Paranoia, die auftraten, wenn irgendjemand das Thema Friseur anschnitt oder Worte wie färben, schneiden oder Dauerwelle erwähnte. Gundula (66) ist ein Beispiel dafür. Sie ist klein und zierlich, teuer und modisch gekleidet und hat kinnlanges, wunderschönes silbergraues Haar – und das seit über dreißig Jahren.

»Ich bin schon mit Mitte dreißig ergraut, fand es auch okay, aber ich bin dann doch schwach geworden und habe mir einmal blonde Strähnchen einfärben lassen, um das Grau zu kaschieren. Eine Katastrophe. Der Friseur hatte die Wasserstoffperoxydlösung zu dünn gemacht und mir meinen ganzen Haarschopf versaut. Ich sah aus wie ein Meerschweinchen mit Pigmentstörungen. Danach war ich stark traumatisiert und wollte die Farbe nur so schnell wie möglich rauswachsen lassen und schwor mir, nie, nie wieder Farbe auf den Kopf zu tun!«

Helden der Haarkunst

Aber es gibt glücklicherweise ganz andere Meister/innen und Salons. Den wirklich guten Friseur erkennt man an dem vernünftigen und selbstlosen Rat und Beistand, den er im Namen des bestaussehenden Haares gibt. Er ahndet nicht jeden vorsichtigen Wunsch nach Grau mit einem entsetzten Blick oder einem Aufschrei, weil dann eine Kundin verloren ginge. Aber er macht auch nicht aus jeder Tönung oder ganz neuen Haarfarbe eine auffällige und typverändernde Umwandlung, die gleichzeitig einen Beweis seiner persönlichen Frisierkunst darstellen soll.

Manfred Kraft, der Salons in München und der Schweiz hat, und Renate Lüdmann mit ihrem Hamburger »Beauty Vierzig Plus«-Salon in Eppendorf sind solche Haarkünstler mit guten, eigenen Ideen, die zuerst ihre Kundinnen angucken und dann erst ihr Ego.

Die Friseurmeisterin Renate Lüdmann (70), deren Schwester niemand Geringeres als Hamburgs berühmte Haarqueen Marlies Möller ist, hat erkannt: »Auch wir Alten haben Lust auf Schönheit!« Die Maskenbildnerin und ehemalige Ressortleiterin einer großen Frauenzeitschrift traf mit dem Aufstand gegen den Jugendwahn genau ins Schwarze. Ihre begeisterten Kundinnen aus ganz Deutschland, oft auch ganz junge, doch meist Frauen ab Ende vierzig aufwärts, kommen gerne in den kleinen schicken Salon, den sie zusammen mit ihrer Tochter Melanie betreibt. Und sie lassen sich nicht nur ihre oft silbrigen Haare stylen oder auch tönen, sondern auch in Kosmetik- und Kleiderfragen von der fabelhaft aussehenden Stylistin beraten. Frau Lüdmann glaubt besonders an die Individualität, was die Haarfarbe – und die Kleidung – angeht. Nichts darf künstlich oder verzweifelt gewollt aussehen – und eben auch nicht spießig.

Man muss sich nichts vormachen, chemisch unbehandeltes Haar sieht am gesündesten aus. Doch das interessiert und überzeugt sehr viele Frauen nicht, auch wenn die Haarpflege problemloser und weniger zeitaufwendig ist. Dabei sollten sie auf Renate Lüdmann und Manfred Kraft (62), beide selbst mit grau melierten Haaren, hören: »Wenn Sie günstig gealtert sind, ein jugendliches Aussehen haben und einen schönen klaren weiß-silbergrau melierten

Farbton haben, dazu einen modischen Haarschnitt, dann ist Färben nicht nötig!« Bravo!

Für den Rest der Ergrauten ist für Manfred Kraft Färben die perfekte Lösung. Hier sind seine Gründe:

1. Mit dem richtigen Farbton sieht man in den meisten Fällen jünger aus.
2. Farbwahl, Akzentuierung und Nuancierung unterstreichen das modische Gesamterscheinungsbild. Die Haut sieht frischer aus, die Augenfarbe bekommt mehr Ausdruck.
3. Durch das Färben bekommen graue Haare mehr Volumen und fallen weniger schnell zusammen.
4. Gefärbte, vor allem aber getönte Haare glänzen mehr!

Außer der »Coloration« gibt es noch verschiedene Färbemittel:

1. *Pflanzenfarben:* Sie decken nicht vollständig ab, der Farbton lässt sich nicht exakt bestimmen (oft gibt es einen gelb-rötlichen Schimmer), haben aber eine pflegende Wirkung.
2. *Lebensmittelfarbe:* gibt herrlichen Glanz, hält aber nur vier bis sechs Wochen.
3. *Intensivtönung:* Perfekte Lösung für eine leichte Abdeckung bei noch nicht stark ergrauten Haaren. Die Farbe hat Leuchtkraft und kann sogar

leicht aufhellen, deckt meist genügend ab und ist deutlich schonender für Ihre Haare. Der Farbton bleibt etwas transparent, kein harter Ansatz beim Nachwachsen.

Also, für die noch nicht konvertierten Färberinnen gibt es Profis mit goldenen Händen.

8 Rapunzel in Grau

Ein neuer Trend geht um! Man sieht immer mehr Frauen mit grauen *und* langen Haaren. Welch eine Herausforderung! Denn an der Haarlänge erhitzen sich die Gemüter mindestens so stark wie an der Frage »Natur oder gefärbt«. Eine sehr viel ältere Freundin von mir, die ab fünfzig einen öden weißen Bubikopf trug, gestand mir, dass sie früher immer dachte, dass graue Haare nie mehr länger als bis zum Hals wachsen könnten, so als hätte das Haar sich erschöpft zurückgezogen, weshalb sie gleich angefangen hatte, ihr Haar nach dem Ergrauen ganz abzuschneiden. Sie hatte noch nie graue, langhaarige Frauen in ihrem Umfeld gesehen. Vielleicht weil es eine Kombination ist, die als besonders dreist angesehen wird.

Langes Haar an älteren Frauen löst eine eigentümliche Aggression, ja geradezu Wut und Empörung bei vielen aus, besonders bei anderen Frauen. Warum? Welche Grenzen haben sie überschritten?

Wollen sie sich nicht in ihren nunmehr asexuellen Bereich, dessen Erkennungszeichen gebändigte und anständige, also eher kurze Haare sind, einfügen? Da gehören sie aber hin, entscheidet die Gesellschaft und erwartet, dass Frauen ab einem »gewissen« Alter sich einen gemäßigten Kurzhaarschnitt zulegen. Es ist ein trauriges Ritual, das nach Zensur, Entsagung und Buße riecht. Hiermit bist du aufgenommen in den riesigen Club der nunmehr unsichtbaren Kreaturen, die aus dem prallen Leben gerissen werden. Das Opfer auf der Schlachtbank. Das geraubte Haar. Das Haar, das an die jugendliche Vergangenheit erinnert, an Fruchtbarkeit und Fülle.

Keine Frau wird heute mit Daumenschrauben gequält oder auf den Scheiterhaufen gehievt, wenn sie alt, grau und langhaarig ist. Aber irgendwann so ab Ende vierzig fangen gern die Grundsatzdiskussionen darüber an, ab wann »ältere« Frauen gefälligst ihre Haare zu stutzen haben, damit keiner auf dumme Gedanken kommt und sie für einen alten Popstar oder Liane aus dem Urwald hält. Aber warum sollte überhaupt jemand um jeden Preis kurze Haare haben wollen und kühle Effizienz und Biederkeit ausstrahlen wie Angela Merkel, egal in welchem Alter? Doch scheinbar soll die Haarlänge nicht so sehr zum Typ, sondern zu den Jahren passen. Viele Babys sind erst mal fast kahl, dann wächst das Haar in jugendlichen Jahren meist zumindest einmal zur langen Mähne – zum Ausprobieren. Mit zunehmendem Alter wird dann die Pracht langsam in jeder Dekade um einige Zentimeter reduziert, bis man bei der sogenannten vernünftigen mittleren Kurzhaarfrisur angelangt – und es Zeit zu sterben ist.

Besonders gut verdeutlichen unsere Großmütter diese Lebensgeschichte der Haare. Diese zeigt über die wandelnden Haarlängen den Werdegang vom Backfisch zur errötenden Braut, dann zur braven Ehefrau und schließlich zur asexuellen Matrone. Auf den alten Fotos hatte meine Großmutter (Jahrgang 1894) als 16-Jährige sehr lange, offene Haare mit einer riesigen Schleife drin. Als verheiratete junge Frau trug sie die Haare nie mehr offen, sondern in einem losen Knoten, mit vierzig machte der Hausfriseur ihr eine seltsame kurze Frisur mit Dauerwelle und Seitenkämmchen – diese Frisur behielt sie dann bis zu ihrem Tod mit 96.

Vorsicht, Überwachung!

Natürlich sind die Haarsitten heute längst nicht mehr so rigide. Doch Haarkommentare von Freundinnen, Schwestern und Müttern, die einen ernsten Ton haben und beratend sein sollen, trudeln für Langhaarige meist irgendwann ein.

»Dein Haar ist ziemlich lang!«, hatte meine beste Freundin schon vor zwei Jahren etwas gedehnt gesagt und war sich vielsagend mit der Hand durch ihre »praktische« kinnkurze Frisur gefahren. »Zu lang« wollte sie eigentlich sagen, mit dem Zusatz »für dein Alter«, aber da sie mich kennt und unsere Freundschaft schätzt, hatte sie es sich verkniffen.

»Für dein Alter« – das ist der Zusatz, den wir alle lieben. Die Mahnung, die Eingrenzung, der Appell – ausgesprochen von der allwissenden Haarkontroll-Polizei, die vorwitzige Dinge nicht durchgehen lassen will. Auch nicht mein angeblich »geheimes« Motiv, denn: »Du versteckst dich dahinter«, befindet die Freundin.

Ach, wirklich? Wohl niemand versteckt sich mehr als die Färberinnen, oder?

Ich habe nichts zu verstecken, bisher gefallen mir meine gut über die Schulter reichenden langen Haare. Sie sind voll und gepflegt und lang genug, um sie hoch oder nach hinten gebunden zu tragen – oder sie auch zu Zöpfen zu flechten, wenn ich denn der kindliche Typ wäre, der gern neckische Outfits aus der Juniorabteilung von H & M trägt. Ich folge einer einfachen Regel: Solange man noch Haare hat, soll man sie genießen. Nach den Wechseljahren gehen bekanntlich oft auch die Haare in den Ruhestand, hängen faul herum und strengen sich nicht besonders beim Wachsen an.

Schon deshalb sollte man gutes Haar hochleben lassen.

Manchmal gibt die Natur auch einen Extrabonus an Leidgeprüfte. Eine Frau erklärte mir mit leuchtenden Augen: »Ich liebe meine Haare! Sie sind ein wichtiger Teil von mir, und da man sagt, dass sie schön sind und mir gut stehen, muss etwas dran sein. Der Grund, warum ich keine kurzen Haare haben möchte, ist sehr persönlich. Ich hatte Krebs, und nach der Chemo fielen sie aus und kamen überraschend kräftig wieder. Ich war glücklich und dankbar. Für mich sind meine Haare wie ein Talisman.«

Ballerinas und Hippies

Vielleicht sehen das indische, südamerikanische und indianische alte Frauen auch so, denn sie tragen ihr Haar lang und grau. In den USA gibt es neuerdings immer häufiger den gut aussehenden, lässigen, lang- und grauhaarigen Frauentyp in den ehemaligen Hippiestädten an der Ost- und Westküste, von New York und Boston bis Los Angeles und San Francisco. Langes Haar wird dort mit Stolz, Erfahrung und einem coolen Stil gleichgesetzt. Meist arbeiten die Frauen in kreativen Berufen, was zu einer noch größeren Akzeptanz der neuen grauen Ära führt.

Ab und zu sieht man auch in Deutschland und im Rest von Europa diese selbstbewussten und recht schicken Frauen. Besonders schön finde ich alte, ausgesprochen interessant aussehende Frauen von siebzig aufwärts, die sehr langes Haar haben. Meistens tragen sie es streng aus dem Gesicht gekämmt oder in der Mitte gescheitelt und zu einem Knoten im Nacken gedreht. Es ist der alte »Ballerina-Look«, der sehr elegant aussehen kann, besonders wenn die Frauen nicht nur die Frisur, sondern auch die grazile schmale Figur haben und zurückhaltend, schwarz und schick angezogen sind. Mag sein, dass sie in ihrer Zeit stehen geblieben sind. Aber sich an einen alten Schönheitsspielplan zu halten, der gut zu ihnen war und perfekt zu ihrem charaktervollen Gesicht passt, kann eine schöne Alternative zum kurzen Spießerhaar sein. Die hektischen Verjüngungs- und Veränderungsversuche, die viele Frauen und Männer mit verzweifeltem Eifer überall suchen, bringen selten solche überzeugenden Resultate.

Wir tendieren sowieso dazu, uns bestimmten Altersgruppen zugehörig zu fühlen, da es unser Gefühl von Sicherheit und Identität erhöht. Und auch die Abgrenzung, die wohl jede Generation von der vorherigen und der darauffolgenden braucht, weil sie sonst wenig Originales zurücklassen kann, ist wichtig. Eine jüngere Freundin kommentierte vor einiger Zeit, dass unsere 64-jährige gemeinsame Bekannte Johanna »wie ein alter Hippie aussieht«. Da ist etwas dran. Sie hat relativ langes, graues Haar mit Mittelscheitel, ihr freundliches Gesicht ziert relativ wenig Make-up, sie trägt tatsächlich bequeme Schuhe (die Glückliche!) und hat einen Hang zu grobem Leinen, Biobaumwolle und Silberschmuck. Und doch: Ich fühlte mich sofort selbst angesprochen – von Hippie-Sister zu Hippie-Sister sozusagen – und fand mich in der Verteidigerrolle wieder.

Johanna, die viel Humor hat (vielleicht muss man den als grauhaarige, ältere Frau haben), kennt die »Kritik« und lacht: »Ich *bin* ein alter Hippie, dazu stehe ich mehr als zu vielen anderen Bezeichnungen. Für mich sind das positive Assoziationen. Wichtig ist doch, ich sehe haargenau so aus, wie ich gerne aussehen möchte, und fühle mich dabei völlig authentisch!«

Eines der bekanntesten und konventionellsten Argumente gegen langes Haar – meistens vorgebracht von denselben, die Grau nicht mögen – ist eben der Vorwurf, sich verzweifelt an ein jüngeres Selbst zu klammern. Das kann öfter mal, aber muss natürlich nicht immer die Wahrheit sein. Denn es gibt für jede Meinung, jede Lebensform und Geisteshaltung immer auch ein überzeugendes Gegenbeispiel. Ein sehr altes Gesicht mit sehr langen Haaren kann tragisch, peinlich und ungepflegt aussehen – aber eben auch bildschön und ungewöhnlich. Wenn es so etwas wie »zu langes« Haar gibt, dann hat das hauptsächlich etwas mit Proportionen und der Haarqualität zu tun, nicht mit Konvention.

Ich finde es irritierend und auch komisch, dass fünfzehn Zentimeter über der »Vernunftgrenze« für Haare ab fünfzig manche Leute so aufregt, als hätte man hinterrücks die gesellschaftlichen Regeln gebrochen und sich als asozial geoutet. Wenn ein »vernünftiger«, gesellschaftlich genormter Haarschnitt zu einer besonders positiven menschlichen Qualität in einer Gesellschaft führen würde, dann wäre das ja alles sehr überzeugend. Aber so ist es ja nicht. Ich selbst habe schon einige nicht besonders nette, sehr verkniffene, intolerante und unattraktive ältere Frauen erlebt, die dafür aber eine vernünftige Kurzhaarfrisur hatten. Doch wenn ich es vergleichen müsste, dann wären die Frauen, die durch Individualität, Stil, Humor und Abenteuerlust auffallen *und* lange Haare haben, in der Mehrzahl.

Haarkritik für graue Mähnen

Hier sind ein paar typische Beispiele von der wachsamen Kurzhaarbrigade, die ihre kritische Motivforschung für die anrüchige Liebe zum langen Haar anbietet:

1. Man will um jeden Preis anders sein

Stimmt. Wenn langes Haar eine unpassende Entscheidung für Erwachsene sein soll, dann will ich Außenseiterin bleiben. Lange Haare demonstrieren ganz bestimmt auch eine Art von Unabhängigkeit. Ich wehre mich gegen 220 verschiedene Färbeprodukte (ich habe gezählt!), gegen Vorurteile und Zwang. Manche Dinge ändern sich nur marginal. Einst waren kurze Haare das Zeichen für emanzipierte Frauen – in den Zwanziger-, Dreißiger- und Sechzigerjahren. Im 21. Jahrhundert sind es eben lange Haare bei älteren Frauen.

2. In den Sechzigern stecken geblieben

Na ja, ehrlich gesagt, es gibt Schlimmeres. Wenn wir uns die Stars, Berühmtheiten und Musikerinnen von damals angucken, dann sind das ziemlich tolle Vorbilder gewesen, gegen die man wenig vorbringen kann. Kurz gesagt: Alle hatten lange Haare: Sophia Loren, Charlotte Rampling, Romy Schneider, Catherine Deneuve, Jane Fonda, Senta Berger, natürlich Brigitte Bardot, Elizabeth Taylor, Audrey Hepburn (die nur einmal um 1969 eine seltsame Kurzhaarfrisur hatte), Grace Kelly als Fürstin Gracia und selbstverständlich alle Sängerinnen, von Janis Joplin, Carly Simon, Michelle Phillips von The Mamas and the Papas bis zu Joni Mitchell, Stevie

Nicks und so weiter. Alle von ihnen blieben bei längerem Haar inklusive Audrey Hepburn.

3. Lange Haare machen älter

Nein, machen sie nicht. Eine clevere Freundin hat eine sehr bestechende Logik parat: Wenn es heißt, dass lange Haare älter machen, und alle schneiden ihr Haar ab vierzig ab, dann teilt man doch der ganzen Welt bereits mit der Frisur mit, dass man älter ist.

4. Man will nur Männern gefallen

Das ist natürlich ein Vorwurf, der nur völlig verbissene Feministinnen ernsthaft stören würde. Der Rest lacht und zuckt mit den Schultern. Ja und? Männer sind liberaler und finden an keiner Frau lange Haare zu lang, auch nicht an 78-Jährigen. Man trägt zwar lange Haare nicht zwingend für die Männer, aber nun ja, dass sie sie mögen, ist ziemlich nachvollziehbar und völlig in Ordnung.

Aber lassen wir doch auch einen Mann zu Wort kommen: »Langes Haar ist sexy an Frauen *und* Männern, egal ob grau oder nicht! Natürlich sollen die Leute machen, was sie wollen, aber für mich sagt kurzes Haar an älteren Frauen: Sex? Nein, danke, damit bin ich durch! Ich glaube außerdem, dass viele Frauen diesen uninteressanten kurzen Haarschnitt tragen, wenn sie in einer festen Beziehung sind.«

5. Man sieht immer ungepflegt aus

Vogelscheuche, Hexe, alter Hippie, das sind noch die netteren Ausdrücke für manche Frauen mit langem, grauem Haar. Warum es so kompliziert machen? Haare, egal in welcher Länge und welcher Farbe, sehen in jedem Alter schön aus, wenn sie glänzend, natürlich, voll und gut frisiert sind.

Wenn man natürlich frizzelige graue, dünne Hängehaare ohne Form und Fassung herumfliegen lässt, kein Make-up und einen trübsinnigen Gesichtsausdruck zusammen mit langweiligen Klamotten trägt, erntet man wenig Jubel. Es fehlt dort dann doch die Jugend, die über fast alles gnädig hinwegsehen lässt – auch über unansehnliches Haar. Gerade lange Haare kann man aber wunderbar zu ein paar klassischen Frisuren verarbeiten. Loser Pferdeschwanz oder sanft geschlungener Knoten im Nacken, dezent aufgetürmt zur edlen Hochfrisur.

Rendezvous mit der Schere

Trotz meiner hier aufgeführten Überzeugungen als Langzeitlanghaarige packten mich – ähnlich wie bezüglich der Färberei – doch in den späten Jahren einmal Zweifel. Irgendwann hatte ich tatsächlich Lust auf eine neuere, ja, und warum nicht auch kürzere Frisur und verband diese Aktion mit einem »Erlebnisbericht« für *Brigitte Woman*. Fast zwanzig Zentimeter sollten fallen! Kinnlang! So ein Einschnitt musste dokumentiert werden, und ich wusste, dass sich viele Frauen in meinem Alter – ob grau oder auch nicht – mit diesem weltbewegenden Thema beschäftigen. Ich wollte mich nicht wirklich von meinem alten Image verabschieden oder »meinen Typ« verändern. Ich habe seit vierzig Jahren längere bis richtig lange Haare und kann meine Friseurbesuche an einer Hand abzählen, die restlichen Haarveränderungen und Schnitte habe ich selbst gemacht. Und eigentlich sollte das so bleiben.

Ich sah aber durchaus, dass nach jahrzehntelang gleicher Haarlänge das Gesamtbild vielleicht eine andere Richtung annehmen konnte. Sehr oft bleibt man an seiner Frisur so kleben wie an einem Freund, obwohl die Spannung längst weg ist. Es gab ja auch genug warnende Beispiele. Brigitte Bardot, inzwischen eine sehr verknautscht aussehende alte

Dame, trägt ihre flatternde Mähne so lang wie ihre Mundwinkel. Cher und Goldie Hawn, beide über 65, wollen auch nicht vom alten langen Look lassen. Bei ihnen gefiel mir das nicht.

In der Nacht vor dem Friseurbesuch wachte ich allerdings schweißgebadet aus einem Albtraum auf. Ich hatte darin eine Betonfrisur wie Königin Beatrix und wollte mir daraufhin das Leben nehmen.

Angst schnürte mir die Kehle zu. Was würde mir mit kürzeren Haaren passieren? Kamen als Nächstes Kittelschürzen, Stützstrümpfe und weiche Sportschuhe auf mich zu?

Es ging jedoch alles sehr zivilisiert zu beim Haareschneiden. Ich schrie nur einmal auf, als die Schere ihr erstes durchdringendes Schnittgeräusch machte. Der Spiegel zeigte mir nach einer Stunde eine Frau mit einer hübschen, professionellen Frisur, die nicht unbedingt begeisterte, aber auch nicht betrübte.

Auch die Leserinnen hatten ihre Meinung zur freundlichen Kinnlänge – und von ihnen kriegte ich was zu hören! Das Lustige war, dass die Mehrheit in den Leserbriefen schrieb, dass ich vorher mit den langen Haaren besser ausgesehen hätte. Sie wiesen obendrein darauf hin, eher in trotzigem bis strengem Ton, dass die Zeiten ja wohl vorbei seien, in denen Frauen Konventionen folgen und sich diktieren lassen müssen, wie lang sie ihr Haar tragen dürfen. Absolut! Das kann von jeder Frau unterstrichen und bestätigt werden.

Eine Freundin hat es besonders gut auf den Punkt gebracht: »Irgendwann muss man sich entscheiden, wer man ist und wie man aussehen will. Nur langes Haar zu haben, weil Männer es mögen, finde ich auch nicht anders, als kurze Haare zu haben, weil ›es sich so schickt‹ für ältere Frauen. Wer dabei auf der Strecke bleibt, ist offensichtlich man selbst und die eigenen Wünsche und Entscheidungen.«

9 Die rote Wüste – oder die wüste Rote?

»Nur nicht dieses schreckliche Rot!« Bei all meinen Unterhaltungen über Haare, Färben, Alter und Aussehen habe ich fast ausnahmslos diesen Aufschrei gehört, wenn ich nach akzeptablen Farboptionen fragte. Als bekannte Negativbeispiele wurden neben Claudia Roth auch die tapferen TV-Kommissarinnen Andrea Sawatzki und Hannelore Hoger genannt, beide feine Schauspielerinnen.

Einst wurden Hexen im Mittelalter verbrannt, besonders wenn sie rote Haare hatten. Diese Farbe stand für Verderbtheit, ein liederliches Leben und sexuelle Zügellosigkeit. Heute sind es die neuen, sehr zahlreichen Hennahexen, die das Grau des Mittelalters kess überspielen wollen, indem sie mit einer ganzen Palette von abenteuerlichen Rottönen kokettieren. Da gibt es das erschreckende Kürbis, Kupfer und Karotte, Koralle, Kirsche, Tizian, Mahagoni, Zinnober, Aubergine, Bordeaux – eigentlich alles nur Umschreibungen für das, was eine bissige Freundin von mir und ein mutiger Mann (hinter vorgehaltener Hand) ganz einfach Crazy-Oma-Rot, Prollrot, Menopausenrot oder Verzweiflungsrot nennen.

Woher kommt der heutige Hang zum Rot? Wahrscheinlich aus einem gewissen Trotz heraus: nun erst recht!

Eine 62-jährige Freundin, die ganz graue Haare hätte, färbt sich ihre punkigen, kurzen Haare seit 23 Jahren feuerrot und machte sie zu ihrem Markenzeichen. Sie sieht aus wie ein angezündetes Streichholz, und man erkennt sie schon von Weitem. Genauso soll das sein.

»Ich mache es allen leicht, mich nicht zu übersehen. Ich bin der Rotschopf, sage ich, wenn ich jemanden zum ersten Mal treffe.«

Und sie hat noch ein schlaues Argument: »Ehrlich, ich liebe und bewundere die tollen und schicken silberhaarigen Stars und Künstlerinnen, die man manchmal in Zeitschriften oder auch mal auf der Straße sieht, aber leider bin ich keine von ihnen. Ich sehe sonst nach nichts aus, bin kurz und dick und wäre ohne meinen Karottenkopf einfach eine unauffällige ältere Frau mit weißen Haaren. Kommt nicht infrage! Da kommt mir der Farbklecks gerade recht, auch wenn er bewusst künstlich ist.«

So denken wahrscheinlich viele. Und so ein augenfälliger »Fake« kommt immer noch besser an als die versuchte »Täuschung«.

Eine andere Bekannte über sechzig kenne ich auch seit Jahrzehnten nur mit dunkelrotem Haar. Doch nicht echt, oder?

»Nein«, sagt sie fest und stolz, »ich bin eigentlich mal braun gewesen und habe mich dann als 25-Jährige entschieden, eine kühne Rothaarige zu werden.«

Rothaarige sind scheinbar leidenschaftliche – und oft auch lustige – Überzeugungstäterinnen. Ein paar Freundinnen und ich haben kürzlich versucht, ebenjenen Rotschopf in eine kritische Unterhaltung über das Haarefärben allgemein zu verwickeln. Alle unsere Argumente gegen ihre Färberei prallten von ihr ab wie Regen von Entengefieder.

Der wirtschaftliche Aspekt fiel flach: »Also, teuer ist es nicht, ich färbe selber. Die meisten Frauen bezahlen mehr für Kosmetik und Milchkaffee.«

Auch mit der Gesundheitsgefährdung durch die Chemie kamen wir nicht weiter: »Rauchen und Trinken sind schlimmer für die Gesundheit. Als ich schwanger war, habe ich gedacht, was Madonna als werdende Mutter mit gebleichten Haaren kann, kann ich auch mit roten.«

»Wie steht es mit Umwelt und Tierschutz?«, fragten wir lauernd.

»Die meisten Haarfarben werden nicht an armen Affen oder Mäusen getestet, so wie vielleicht irgendein grässlicher Haushaltsreiniger oder Lippenstift«, bekamen wir als Antwort.

Okay. Und wie ist das Rating auf der Ebene des Geschmacks?

»Ich gefalle mir sehr!«

Kurzform für ihre Philosophie: »Mein Haarglück ist billig und schnell, schadet keinem, und mit sieben Euro und dreißig Minuten Farbe auf den Haaransatz stimmt die Sache. Herrlich!«

Hallo, Weimar!

Es ist auffällig, dass sich bis heute die schon in den Zwanzigerjahren populäre, typische kinnkurze Ponyfrisur, auch Pagenschnitt oder Louise-Brooks-Bob (nach der berühmten Stummfilm-Schauspielerin) genannt, bei den tizianrot gefärbten Haaren von älteren Frauen gehalten hat. Sehr viele Frauen erkennen in dem Rotton wahrscheinlich eine verschüttete Version von sich selbst als unkonventionelle Künstlerin, die irgendwo zwischen einer Kabarettistin der Weimarer Ära, einer Kunstgewerblerin oder einer warmherzigen Puffmutter angesiedelt ist. Otto Dix malte gern rothaarige Frauen und George Grosz auch. Und es waren immer leichte, traurige Mädchen mit großen Kohleaugen, die rauchten.

Die heutige »Weimarerin« zieht sich meistens schwarz und etwas experimentell an, irgendetwas Weites aus Leinen mit zu großen Taschen und überflüssigen Riesenknöpfen aus Holz und ein bisschen asymmetrisch im Schnitt als Ablenkung, wenn die Trägerin nicht mehr gertenschlank ist. Oder sie weicht auf den Lederlook mit einem Hauch Domina aus, wenn sie eher zum hageren Typ gehört. Das sind die stilisierten Versionen von Frauen mit Geld.

Die Proll-Version der Frauen, die geradezu närrisch nach kirschroten Haaren zu sein scheinen – ein rein deutsches Phänomen, besonders in Berlin –, wäre die Frau mit dem kurzen Formschnitt, der an meine Tanzstundenpartner von 1962 erinnert. Nur dass sie sich über den Ohren seltsame Fransen nach vorne kämmen und überlange Fantasieohrringe tragen und manchmal ein Fußkettchen. Durchschnittsalter: 53.

Ein besonders abschreckender Fall, aber eben auch ein gutes Beispiel für falsch verstandene Originalität, ist die bereits erwähnte Claudia Roth. Sie steht für den Frauentyp, der findet, dass nun alle Konventionen über Bord geworfen werden und sie nun ganz furchtbar »crazy« sein dürfen, jetzt, wo die Fünfzig überschritten sind. Die kühne Grünenpolitikerin hat sich vielleicht von ihrem Nachnamen inspirieren lassen, als sie sich vor ewigen Jahren überlegte, wie sie ihrem alltäglichen Aussehen ein paar verrückte Akzente verpassen könnte, die ihre Verbundenheit zur neuen Alternativpolitik, zu Umweltschutz und Feminismus überzeugend unterstreichen. Herausgekommen ist dann ein helles Karottenrot und eine abschreckend unvorteilhafte »Knappenfrisur«. Im Moment versucht sie es mit Weißblond …

Ein anderes Beispiel für karottenrote Haare ist die sehr konsequente britische Designerin Vivienne Westwood (66), die schon immer auf Nettigkeit und herkömmliche Eleganz gepfiffen und sich so zur Punk-Ikone entwickelt hat. Ihr spärliches rotes Haar sieht scheußlich aus, aber Viv will es nur als avantgardistisches Statement verstanden wissen, als Antihaltung gegen Mittelmäßigkeit, nicht als Mittel zur Verschönerung.

Eine andere sehr verehrte Modeikone, die auch mit achtzig Jahren auf dezente Damenhaftigkeit verzichtet und ihre flammend rote Zuckerwattemähne behalten hat, ist die französische Modedesignerin Sonia Rykiel, die seit 1963 witzige Stricksachen entwirft.

Rote Proleten

Ich kenne den Typus der rothaarigen Frau von Kind an, auch oder gerade weil er in meinem Umkreis eher selten war. Wer in den Fünfzigerjahren echte rote Haare hatte, war nicht zu beneiden. Rothaarige Menschen, jung und alt, galten als hässlich und ziemlich bedauernswert. In der dritten Klasse gab es Roswitha, die nicht nur herrlich rote Haare hatte, sondern auch noch prächtige Locken! Ich beneidete sie glühend, auch wenn sie »aus dem Osten« kam und ihre Eltern »einfache Leute« waren, wie es hieß. Sie wurde viel gehänselt, der gängige Spruch war: »Rote Haare, Sommersprossen sind des Teufels Volksgenossen!« Aber sie schien sich nicht allzu viel daraus zu machen.

Künstliches Rot hatte dagegen einen anderen Stellenwert als echte rote Haare. Während echte Rothaarige einem leidtaten, gab es für die rot gefärbten Frauen nur Verachtung. Ihnen haftete etwas Verruchtes und Künstliches an, sie gehörten nicht in die Welt der netten Muttis, die ordentliche Frisuren in freundlichen Naturfarben hatten. Wer Kunstrot trug, wollte auffallen und Eigenwilligkeit demonstrieren. In den Fünfzigerjahren, als Anpassung und konservative Einstellungen zur allgemein akzeptierten Lebensform gehörten und Frauen nicht über den Kochtopfrand gucken mochten, eine provozierende Idee.

Wenn eine rothaarige Frau nicht, sagen wir, jung, Mannequin oder beim Theater war, sondern arm und schon etwas älter, dann handelte es sich meist um eine Frau, die »bessere Tage gesehen hatte«. Wir Kinder fanden das rasend interessant und starrten eine solche exotische Frau unverhohlen an, wenn wir sie denn in unserer Vorstadtsiedlung überhaupt zu Gesicht bekamen. Es handelte sich meistens um eine »verrückte Künstlerin« mit Blumenhut, eigenbrötlerisch und scheinbar ohne Anhang, die irgendwo in einer interessanten Gartenlaube oder verfallenen Villa mit sieben wilden Katzen wohnte und irgendetwas mit Töpferei oder selbst gehämmertem Silberschmuck zu tun hatte.

Teuflisch rot

Nur ein paar Prozent der Menschen haben von Natur aus rote Haare, aber das schon seit Urzeiten. Man fand kürzlich heraus, dass es bereits unter den Neandertalern Rothaarige gab. Heute findet man die meisten in Irland und Schottland, und sie haben oftmals auch eine sehr helle Haut und Sommersprossen. Es gibt natürlich berühmte Rotschöpfe – echte wie Prinz Harry, Boris Becker, Barbarossa und Vincent van Gogh. Und solche, die es unbedingt sein wollen. In der Hollywood-Welt, wo sehr wenig echt war, war rot immer etwas Besonderes, so wie die komplett gefärbte Rita Hayworth. Deutschland hatte im Krieg Zarah Leander, aber ihre (echten) roten Haare konnte man in den schwarz-weißen Filmen natürlich nicht erahnen. Heute sind es Esther Schweins, die wohl eine echte Rothaarige ist, und die Schauspielerin Julianne Moore, blass, rot und schön, die zu Stilikonen der Rothaarigen geworden sind. Doch keine ist so markant, originell und rot wie die wunderbare britisch-schottische Schauspielerin Tilda Swinton. Bei ihr passt alles. Die milchweiße Porzellanhaut zu den himmelblauen Augen, dazu das zur Männerfrisur kurz geschnittene, hellrote (inzwischen leicht grau werdende) Haar.

Rothaarige Kinder gelten übrigens als besonders pfiffig und wurden schon immer in Buch, Film und Fernsehen eingesetzt. Eine der berühmtesten Rothaarigen ist Pippi Langstrumpf, deren unkonventionelle Persönlichkeit noch mit karottenroten Zöpfen unterstrichen wurde. Auch Pumuckl und Harry Potters Freund Rupert sind rothaarig. An dieser Stelle ein Wort zu rothaarigen Männern: Sie waren und sind eigentlich bis heute eher keine ernst zu nehmenden Kandidaten für unwiderstehliche Attraktivität und sexuelle Ausstrahlung. Rot ist eigentlich nur wirkungsvoll bei Frauen – es gibt wohl nur wenige Männer aus dem Showbusiness, die sich freiwillig auch nur den leichtesten Rotschimmer leisten mögen. Bis auf David Caruso aus der Erfolgsserie *Miami CSI* – der hat echte rote Haare, nicht sehr schön, aber mutig.

Männer in Indien scheinen die Einzigen zu sein, die ein wenig mit Henna experimentieren. Auf meiner Reise durch Indien sah ich einige Männer mit desaströsen rot-weißen Schöpfen. Ich wusste erst nicht, ob es sich um eine religiöse Variante von Scheußlichkeit handelte. Eine junge Inderin, die ich wegen dieser eigenartigen Kopfmode konsultierte, behauptete, es sei ganz einfach westlich orientierte Eitelkeit – also der indische Weg, um graues und weißes Haar auf die preiswerte Art zu übertünchen.

Zum Rotwerden

Viele Frauen, mit denen ich sprach, gestanden, dass sie irgendwann in ihrem Leben – mal in jungen Jahren, mal in älteren – dem roten Rausch nicht widerstehen konnten, meist in der Form von Henna.

»In jeder Frau steckt ein Stück Rothaarige, das mal raus muss«, erklärte mir einmal eine Frau.

Ich nehme an, dass es etwas mit Feuer, Geheimnis und spritzigem Charakter zu tun hat. Vielleicht auch, weil von allen Haarfarben rot die markanteste und umstrittenste ist und deshalb wohl auch irgendwie die verführerischste.

Gut, es muss wohl heraus, auch wenn es mir peinlich ist. Auch ich war einmal Opfer des Hippie-Modediktats von Henna. Ich lebte in einer Art Kommune, und jeder, Kinder, Männer und Frauen (nur die im Garten ansässige Ziege blieb verschont), saß irgendwann mit der Hennapaste auf dem Kopf in der Küche herum, während das Establishment aus-einandergenommen wurde. Ich blieb zunächst hennafrei, aber nach einem halben Jahr erwachte die Neugierde in mir. Das würde mir bestimmt gut stehen, redete ich mir ein, war aber ängstlich genug, es erst mal mit breiten roten Strähnen zu versuchen. Ich fand sie furchtbar und überfärbte sie unter Flüchen dunkelblond und schwor mir, die Idee, rothaarig sein zu wollen, ein für alle Mal aus meinem Hirn zu verbannen.

Trotz aller Ablehnung gegenüber der roten Garde muss ich fairerweise zu guter Letzt sagen, dass manche Frauen mit roten Haaren ausdrucksvoll und stilsicher aussehen. Nur muss man höllisch aufpassen. Rottöne sind anhänglicher als ein liebessüchtiger Teenager und mischen sich beim Auswachsen mit keiner anderen Haarfarbe. Und wer sich selbst nicht als eine lebenslange rasante Rote sieht, sollte die Finger davon lassen! Oder sich eine Perücke zulegen.

10 Ein schwieriger Ansatz – Mut zum »Bad Hair«-Jahr

Wenn der Gedanke, vielleicht einmal Grau grau sein zu lassen, noch eine verwegene, sporadische Idee ist, die man nicht lauthals in die Welt hinausposaunen möchte, empfiehlt es sich, seine Umwelt mit ganz besonders aufmerksamen Augen zu betrachten. Einfach mal bewusst alle grauhaarigen Menschen ansehen – ganz objektiv, wenn's geht. Und da es reichlich Grauhaarige gibt, dürfte es kein Problem sein, sie absolut überall in all ihren vielfältigen Farben und Formen zu beobachten.

Wie ist der Gesamteindruck? Wie sehen die Leute eigentlich aus? Gut, interessant, imposant, angenehm erfahren? Oder eher spießig, alt, abgehalftert, unmodisch, traurig, deprimiert? Und liegt es wirklich an den Haaren, wenn die Person einem nicht gefällt? Oder hängt es doch eher davon ab, ob sie eine Ausstrahlung hat oder ein interessantes Gesicht, positive Energie verströmt und so weiter. Und ist es nicht vielmehr so – und auch deshalb sind manchmal gezielte Beobachtungen wichtig –, dass die Haarfarbe nur ein Teil dessen ausmacht, warum wir jemanden attraktiv finden?

Was eigentlich am ehesten auffällt, und zwar meistens negativ, ist die Beobachtung, wie viele Frauen sich die Haare färben, ohne einen wirklich sichtbaren Verschönerungseffekt zu erzielen. Das wäre ein guter Ausgangspunkt, um das große und anfänglich garantiert frustrierende Projekt anzugehen, die Natur auf dem Kopf zurückzuerobern. Willkommen zum »Bad Hair«-Jahr!

Der Ausdruck »Bad Hair Day« ist inzwischen ja auch in Deutschland bekannt. Einfach weil jeder – Mann, Frau, Kind, Teenager – schon mal entnervt morgens vor dem Spiegel stand und stumpfe Locken, falsche Wellen, störrische Wirbel und verkehrt abstehende Ponys angestarrt hat – wie eine Katze ihre Maus. Aber Haar und wie es sich benimmt, ist schicksalhaft vererbt. Nasses Kämmen, Föhnen mit Rundbürste, Flachdrücken, Festsprayen, eng am Kopf zusammenzurren, Hochfrisur, Zopf, Pferdeschwanz, Rattenschwänze und was es sonst noch alles gibt, nützen nichts. Es bleibt, wie es will, der Tag ist gelaufen, denn auch die Option, einen Hut oder eine Mütze aufzubehalten, trägt nur dazu bei, noch mehr Aufmerksamkeit zu erregen.

Wie muss es dann erst sein, wenn man mit einem ganzen Jahr rechnen muss, um das ganze falsche

Gold, Braun, Schwarz und Rot aus den Haaren zu kriegen? Wenn die schwer erkämpfte Entscheidung gefallen ist, dem Grau eine Chance zu geben, dann fängt die unerfreuliche Arbeit nämlich erst richtig an. Was heißt Arbeit? Es ist ein Spießrutenlaufen, ein Versteckspiel, einer der vielen frustrierenden Versuche, sich ab fünfzig (oder vorher) mit der »Natur« anzufreunden. Kein Wunder, dass die meisten versuchen, dem zu entfliehen. Man hat sich ja auch daran gewöhnt, an das monatliche Färben, so wie man sich an alle Dinge gewöhnt, die man fast automatisch macht, auch wenn sie unangenehm oder nur langweilig sind: Zähneputzen, Abwaschen, Autofahren, Hundekacke aufsammeln, Fernsehen, zur Arbeit gehen.

Angst essen Seele ...

Die Übergangszeit ist eben die schlimmste und verlangt nach Tricks, Kreativität und heldinnenhaftem Durchhaltevermögen. Und schon im ersten Quartal gibt es auch Wiederholungstäterinnen wie beim Rauchen. Einige halten es eine Weile durch, und dann wollen sie doch ihr altes gefärbtes »Selbst« wiederhaben.

Eine Frau, die sich entschieden hat, mit dem Färben aufzuhören, hat die Angst treffend erklärt. Sie findet »die Verwandlung«, so nennt sie es, traumatisch.

»Es ist ja nicht so, dass ich eine Sexumwandlung vorhabe, obwohl es sich, ehrlich gesagt, fast so anfühlt, denn ich habe Angst, dass ich mich nicht mehr sexy und weiblich fühlen werde. Es ist wirklich ein großer Schritt, aber ich muss den Sprung ins unbekannte und kalte Wasser eben wagen. Immer wenn ich mir in den letzten Jahren überlegt habe, ob ich einfach mit dem Färben aufhören soll, wünschte ich mir einen magischen Trick herbei, der mich in die Lage versetzen könnte zu sehen, wie ich denn in Silbergrau aussehen würde, wenn das wahre Ich sich endlich zeigt. Ich weiß aber jetzt schon, dass diese Umwandlung sich so merkwürdig und verunsichernd anfühlen wird wie Pubertät.«

Eine andere Frau, die ich interviewte, war mal nahe dran, sich für Grau zu entscheiden. »Das letzte Mal, als ich beim Friseur war, vor fünfzehn Jahren, brannte meine Kopfhaut für drei Tage. Ich fand das Ganze etwas zu dicht an meinem Gehirn und ging nie wieder hin. Ich glaube, ich hätte ganz aufgehört zu färben, aber ich entdeckte eine Farbe, die mir gefiel, und ein Produkt mit sehr wenig Chemie. Also warte ich noch etwas.«

... ein paar Wege zum Grau

Es gibt verschiedene Wege aus der Farbhölle, frei-
willige und zufällige, radikale und gemäßigte. Für die
Mutigen, die das alles nicht abhält und die nicht
mehr warten wollen, hier ein paar Vorschläge:

1. Das Radikalste und wahrscheinlich Beste:
Runter mit den Haaren!

Das kann der Anfang für einen neuen Look sein
und hat den Vorteil, dass das neue »junge« Haar
unbehelligt und sehr glücklich sprießen kann. Es
hat den weiteren Vorteil, dass man ein für alle Mal
checken kann, ob einem denn nun kurze Haare
wirklich (nicht) stehen. Und während man seiner
alten gefärbten Mähne nachweint, kann man sich
außerdem sicher sein, dass die Haare nicht nachtra-
gend sind und wieder wachsen werden.

2. Strähnen: die milde Methode

Sie fühlt sich nicht so an wie »cold turkey«, also ein
rascher Drogenentzug ohne jegliche Hilfsmittel, und
auch die meisten Profis vertrauen der Strähnchen-
methode.

Haardesigner Manfred Kraft schlägt Kammsträh-
nen, Painting oder die etwas arbeitsintensiveren

Foliensträhnen vor. Die vorwitzigen weißen Strähnen werden einfach in der Naturfarbe »übermalt« und so abgedeckt. Man kann dort auch mit verschiedenen Farben spielen, wenn man gern modische Akzente mag. Oder sich einfach gezielt grau-weiß-blonde Strähnen machen lassen.

Warnung: Finger weg vor sogenannten »Re-Nature«-Produkten. Es sei denn, man glaubt an den Osterhasen. Man kann die Natur nicht mit einem Köder locken, damit sie den ursprünglichen Farbton wieder zurück ins Haar zaubert.

3. Zwei bis drei Monate nicht mehr nachfärben

Dann den Nachwuchs in der früheren Farbe oder besser etwas heller färben, aber nur Strähnen. Die Prozedur in weiteren zwei/vier/sechs Monaten wiederholen, aber weniger oder feinere Strähnen machen. So wächst die Farbe mit einem weichen, relativ unauffälligen Ansatz heraus.

4. Auf den Winter warten und Kopfbedeckungen tragen

Alles ist erlaubt, Hüte, Tücher, Mützen. Gut sind auch lange Reisen oder Perioden, in denen man nicht besonders viel rausgehen muss – hier kann man den Vorteil, ein Freelancer zu sein, gut nutzen.

Kopfbedeckungen an sich sind ein modisches Minenfeld besonderer Güte. Kaum jemand kann Hüte in so lässigem Stil tragen, der unbedingt nötig ist, um nicht albern darin auszusehen. Der Turban, todschick bei ultraglamourösen Hollywood-Diven der Vierzigerjahre, sieht, wenn er außerhalb des Badezimmers getragen wird, an normalen Frauen eher unglücklich aus. Das Audrey-Hepburn-Tuch – um Kopf und Hals geschlungen – kann bieder aussehen, genauso wie das unterm Kinn geknotete Kopftuch. Nicht jede Frau ist der Babuschka-Typ. Genauso wenig würden die meisten wohl ein ganzes Dreivierteljahr lang glücklich mit einem kecken Hütchen, einem dramatischen Schlapphut oder, so wie ich es sicher täte, einer aparten Baskenmütze auf dem Kopf herumlaufen. Und auch Perücken sind so eine Sache für sich, wenn man sie tagtäglich trägt. Obwohl mir, wenn es nicht gerade Hochsommer ist, die Perücke als eine akzeptable Alternative erscheint, besonders wenn man sie auch dazu benutzt, einen neuen Look auszuprobieren. Wollte man nicht immer mal eine rote, schwarze oder platinblonde Kurzhaarige sein?

5. Man kann mit leicht auswaschbaren
unkonventionellen Tönungen experimentieren,
wenn man der Typ ist, dem man eine pflaumenfar-
bene Frisur abnimmt.

Und hier noch ein Beispiel: Eine einst schwarzhaarige
Freundin von 56 machte ein Experiment, das als Inspiration für alle Zweiflerinnen gelten kann. Sie hatte
genug von der monatlichen Färberei, die ihr Haar
ausdünnte, und schnitt sich in einem Anfall von Wut
das Haar millimeterkurz, um es dann grau heraus-
wachsen zu lassen. Sie wechselte ihr eigenes Image als
»rassige« Dunkelhaarige aus wie eine Glühbirne und
entschloss sich, fortan als Silbergraue durchs Leben
zu gehen. Mit ein paar blonden Strähnen im Grau.

Das Schicksal schlägt zu

Manchmal diktiert das Leben selbst radikale Schritte
und Schnitte, wenn auch aus einem traurigen Anlass. Eine krebskranke Freundin von 54 nahm den
Verlust ihrer Haare durch eine Chemotherapie zum
Anlass, noch mal von vorne anzufangen, und zwar,
wie sie sagt, als »Naturprodukt«. Sie rasierte sich
den Kopf, trug *keine* Kopfbedeckungen und änderte
so ihr ganzes Leben.

Genauso unfreiwillig kam eine andere 55-jährige Frau an ihre Naturhaare. Sie gehörte zu den Frauen, die schon mit neunzehn ihr erstes graues Haar entdeckten, es rausriss und diese schmerzliche Lebensform beibehielt, bis sie mit dreißig anfing, kräftig zu färben. Beate verdankt ihre inzwischen bildschönen, stahlgrau gesträhnten kurzen Haare einem übereifrigen Friseur. Nach einem neuen Farbexperiment, ausgeführt von ebenjenem Friseur vor sieben Jahren, blieb nur noch tote Wolle auf dem malträtierten Schädel. Da hatte Beate endlich genug: Erst gab's den Stoppelschnitt, dann folgte die Natur.

Am besten gefällt mir die Geschichte von zwei sich nahestehenden Schwestern in ihren Sechzigern, die ich gut kenne. Eine von beiden wollte nicht mehr färben, während die andere ihr Image einer schwarzhaarigen Schönheit verteidigen wollte. Auf das eigentlich reizvolle Kontrastprogramm einer Hellen und einer Dunklen wollten sie sich nicht einlassen. Der Ehemann der farbmüden Schwester bediente sich eines Tricks, um seine Frau zu unterstützen. Er war sehr wohlhabend und versprach ihr eine lange Reise, wenn sie sich die Haare kurz schneiden und nicht mehr färben würde. Sie nahm an und kam mit schicken neuen Haaren wieder. Der anderen Schwester gefiel das so gut, dass sie auch ohne Reise – dafür mit der Hilfe eines Friseurs – ihr fast weißes Haar rauswachsen ließ. Beide ließen sich platinblond einfärben und genossen von Stund an ihr Leben als Blondinen. Immer noch.

Weder die beiden Schwestern selbst noch ich haben heute eine Erinnerung daran, wie sie mal als schwarze Schwestern ausgesehen haben. Was auch zeigt, dass wir uns an unsere neuen veränderten Gesichter und Haare gewöhnen wie an einen neuen Beruf, einen neuen Mann oder eine neue Stadt, in die wir – aus welchen Gründen auch immer – ziehen.

11 »Du siehst so anders aus …« – allein und grau auf weiter Flur

Da wir ja nun mal nicht das Leben von Eremiten führen und unbeobachtet die Freiheit genießen können, Entscheidungen über unser Aussehen zu treffen, gibt es immer Probleme mit den Beobachtern. Egal ob es die gesamte Familie, der Liebhaber, die Verwandten, die Kollegen, die beste Freundin oder die fremden Menschen auf der Straße sind. Doch niemand beobachtet so genau, so oft und so gnadenlos wie die eigene Familie, die noch zusammenlebt.

Die Ankündigung, man wolle seine Haare grau rauswachsen lassen, ist für manche gleichzusetzen mit der Ankündigung, man wolle sich einem Wanderzirkus anschließen. Man erhält die unterschiedlichsten Reaktionen: Erstaunen, Bewunderung, Entsetzen, Unverständnis – selten Gleichgültigkeit. Unsere Familie, unsere Freunde, die Kollegen haben ein festes Bild von uns. Das haben wir oftmals auch von uns selbst, und wir hängen sogar ziemlich fest daran, weil es Identität vorgaukelt und wir uns dadurch nicht dauernd infrage stellen müssen. Und wenn wir unser Erscheinungsbild auffällig ändern, gibt's eben nicht nur Lob, sondern sehr oft negative Kommentare.

Überraschend häufig ist die Familie eben nicht begeistert von plötzlich grauen Ehefrauen, Töchtern, Omas und Müttern. »Warum will man nach jahrelanger Existenz als Blondine, Dunkel- oder Rothaarige plötzlich das Lager wechseln?«, fragen sich alle. Das ist ja fast Verrat. Und was wird dann?

Freunde, Partner und Familie quengeln: »Ich mag dich so wie jetzt aber lieber!« Und erfinden immer neue Stolpersteine, dabei wäre doch eine Aussage wie »wunderbare Idee, wird bestimmt gut aussehen« sehr viel unterstützender und willkommen. Es ist nicht so, dass die Saboteure innerhalb und außerhalb der Familie die Idee, die grauen Haare rauswachsen zu lassen, wirklich so schlecht finden, darum geht es gar nicht, sondern sie haben einfach Angst vor Veränderungen der bestehenden Beziehung.

Rosa (49) kennt das: »Ich habe mit 31 angefangen zu färben. Ich hatte eine graue Strähne auf einer Seite. Meine Freunde sagten, ich sähe wie ein Waschbär aus und müsse das unbedingt loswerden. Sofort! Eigentlich weiß ich gar nicht mehr, ob ich mir seitdem die Haare konstant färbe. Ich glaube ja, denn ich erinnere mich, dass niemand den Waschbär in mir mochte.«

Freundinnen als Haar- und Modeberaterinnen zu rekrutieren, ist eben eine heikle, ambivalente Angelegenheit, die zu unterschiedlichsten Resultaten führen kann. Wegen der Emotionen. Wir sollten auf die Motive der Beraterinnen achten – und auch das Konkurrentinnenpotenzial nicht unterschätzen. Ist die Freundin selbst grau und findet sich schön, wird sie vielleicht eine begeisterte Fürsprecherin für unsere Verwandlung sein. Ist sie selbst gefärbt, wird sie sich eventuell ein wenig im Stich gelassen fühlen, wenn wir plötzlich eigene Wege gehen und etwas austesten wollen, was sie selbst nie wagen würde.

Mütter und Kinder meckern am meisten

Wenn man eine Familienaufstellung über die Kritiker machen wollte, dann scheint die Mutter *die* zentrale Person zu sein, egal ob jung oder alt. Sie kritisiert und wird kritisiert. Was Mütter sagen, zählt mehr als alles andere für Töchter.

Allerdings sind Mütter sehr oft schlechte Beraterinnen für ihre ergrauten Töchter. Bei ihnen geht es hauptsächlich ums Eigeninteresse und darum, dass sie ihre Töchter am liebsten in der prallen Lebensmitte eingefroren sehen würden – was ihnen selbst wie eine eigene Lebensverlängerung vorkommt. »Mach mal was mit deinen Haaren, Kind!«, ist dann oft eine egoistische Mahnung mit dem Zweck, dass die Mutter sich selbst einfach um ein paar Jahre verjüngen möchte. Besonders wenn sie selbst gefärbt ist und eine grauhaarige Tochter hat, ist das Kontrastprogramm einfach zu auffällig, und obendrein wird die Schwindelstrategie einer Familie, was Alter anbetrifft, etwas durcheinandergebracht.

»Meine Mutter würde sich über die Vorstellung, dass ich grau werden will und sie aber (gefärbt) braunhaarig bleibt, totlachen. Sie würde sagen: ›Ich bin nicht alt genug, um eine grauhaarige Tochter zu haben‹«, erzählt Rosa.

Väter, sollten sie gefragt werden, haben oftmals keine Meinung, wenn sie überhaupt ihre Töchter lange und prüfend genug ansehen, um zu bemerken, was diese für eine Haarfarbe haben. Ihr Urteil kann man am besten abblocken mit dem altbekannten »Papi, du hast nun als Rentner wirklich keine Ahnung!«

Urteile von Schwestern, die meistens bis ans Lebensende eine latente Konkurrenz bleiben, sind zwar wichtig, aber auch hinter diesen könnten andere Motive stecken. Was sie sagen, zählt, aber nicht genug, um sich immer danach zu richten.

»Meine Schwester meinte vor nicht langer Zeit, ich sähe aus wie eine biedere Lehrerin, und hat mir bunte Strähnen empfohlen. Ich trau mich aber nicht – keine Lust auf Experimente! Ich finde diese grünen oder rosaroten Strähnen auch nicht wirklich überzeugend. Bin ja kein Punk!«, erzählte Gundula (65) und ließ sich nicht beschwatzen.

»Los, färb dich, Mami!«

Die vielleicht gnadenlosesten – und jüngsten – Kritiker sind die Kinder zwischen zwölf und sechzehn. Kinder mögen es generell nicht, wenn die Mutter sich erdreistet, Veränderungen im Haushalt oder gar an sich selbst vorzunehmen. Kindheit ist eine Phase der Sicherheit, der Routinen und Rituale, des Vertrauten. Ganz andere Motive haben Teenagertöchter, die scheinbar ganz besonders heftig Grau auf Mütterköpfen ablehnen. Und leider haben die unsensiblen Monster oft maßgeblichen Anteil an der Haarfarbe ihrer Mütter.

Jüngst hat eine Studie herausgefunden, dass Mütter sich in punkto Mode sehr stark von ihren Töchter beeinflussen lassen. Was sie tragen, wird nicht nur ständig von Müttern beobachtet, sondern in moderater Form imitiert. Wenn also eine erwachsene Tochter entsetzt sagt: »Mami, du siehst wie Inge Meysel damals aus!«, dann zählt das.

Auch wenn sich heranwachsende Töchter zwar von der Mutter emanzipieren möchten, identifizieren sie sich aber auch in gewisser Weise mit ihr und befinden sich in einer Art anhaltender Symbiose. Alte Eltern an sich sind schon uncool, doch eine graue, also »alte« Mutter, ist nichts zum Vorzeigen. Deshalb sind es auch mehr die Mädchen, nicht die Jungs, die nicht durchgehen lassen, wenn sich eine angegraute Mutter von 43 traut, Natur zu tragen.

Ich kenne eine 62-jährige Frau mit vier jungen Töchtern zwischen zwölf und 25, die ihre gelockte, bildschöne Salz-und-Pfeffer-Mähne seit fünf Jahren in ein stumpfes Schwarz verwandelt, weil drei der Töchter kühl und knapp sagen: »Du siehst sonst zu alt aus, Mami!«

Ich habe dazu etwas sehr Interessantes entdeckt. Frauen, die keine Kinder haben, entwickeln ein anderes Verhältnis zum Älterwerden als Mütter. Eine Mutter von zwei Kindern erzählte mir, dass sie über die Jahre durch die Kinder ständig daran erinnert wird, wie »alt« sie schon ist. Ohne heranwachsende Kinder hat man gar nicht diese Art des Bewusstseins, wie die Zeit verstreicht und man mit den Kindern gemeinsam älter wird.

Auch Gundula, die seit 35 Jahren verheiratet ist – mit einem inzwischen weißhaarigen Mann, der ihre weißen Haare schön findet –, kennt dieses Thema: »Ich hatte ein paar kleine Konflikte mit meiner

136

Tochter im Kindergartenalter – da sagen sie ja noch ungeniert alles, was ihnen in den Sinn kommt. Ich war spät Mutter und früh grau geworden, und sie beanstandete meine grauen Haare – sie hätte wohl gern eine Mama gehabt, die jünger aussieht, so wie die ihrer Freunde. Ich denke mal, dass besonders Kinder graues Haar einfach mit Großmutter assoziieren und nicht mit ihrer Mutter.«

Das ist sehr wahr. »Grau heißt Großmutter« ist immer noch die gesellschaftlich vorgegebene Botschaft. Wobei Großmutter an sich ja eine positiv besetzte Person ist, wenn man die Beliebtheit und Unersetzlichkeit von Großmüttern bedenkt. Aber die verkörpert eben nicht mehr sichtbare Sexualität und pulsierendes Leben. Doch genau Letztere wollen viele Frauen weiterhin gern behalten, auch wenn sie tatsächlich Großmütter sind. Sie wollen moderne, »junge« Großmütter sein, die mitten im Leben stehen und ihre Zeit nicht mit Strickarbeiten und Kreuzworträtseln füllen, während sie die Enkel hüten.

Gott sei Dank sehen Menschen außerhalb der Familie die grauen Haare oft anders, und da gibt es nicht immer nur Schelte und lahme Ratschläge. Die Frauen, die schon früh grau waren und dem Farbtopf fernblieben, erinnern sich alle daran, dass es auch viele Komplimente gegeben hat.

»Es muss apart gewesen sein: das junge Gesicht und die grauweißen Haare«, erzählt Gundula.

Es ist dieser attraktive Kontrast, der neuerdings viele junge Fans hat, von denen sich manche sogar freiwillig die Haare silbern färben.

Und es gibt natürlich trotzdem viele Frauen, deren Familie den Trend zum grauen Haar vollends unterstützen, was Frauen beruhigt und glücklich macht. Wobei man sich fragen könnte, warum ist es denn überhaupt so wichtig, was Töchter, Söhne, Ehemann und Eltern zur Haarfarbe sagen? Spielt da nicht immer noch die große Unsicherheit eine Rolle, die Frauen als die ewig Beobachteten und Bewerteten spüren?

»Wir müssen reden, Papa!«

Aber die Haarkritik innerhalb der Familie richtet sich nicht nur gegen Grauköpfe. Sehr viele erwachsene Töchter – und sogar auch Söhne – haben sich irgendwann zu einem Komplott zusammengeschlossen und mit der zu farbfreudigen Mutter, Oma und manchmal auch dem Vater ein ernstes Wörtchen gesprochen. Ich habe mir sagen lassen, dass es viele eigenwillige Großmütter gibt, die zum farblichen Overkill neigen, und da Lila keine Option ist so wie in den USA, bleibt es bei Rot und Dunkelbraun, was an alten Leuten wirklich selten gut aussieht. Aber da ist nichts zu machen, denn diese alten Damen, die schon solche Dinge wie Krieg, Rock 'n' Roll, Miniröcke, Mondlandung, Disko und Internet überlebt haben, verbitten sich jede Einmischung. Andererseits wird diesen beliebten und charakterstarken Frauen ihr Farbfehltritt meist sowieso vergeben. Denn wer wird eine unmöglich gefärbte Oma nur wegen der Haarfarbe weniger lieben?

Manche fehlgeleiteten Männer sind dagegen weniger störrisch, wenn sie das Glück haben, dass sich die Familie entschieden einmischt. Ein dreißigjähriger Freund, der bereits selbst vereinzelte graue Haare in seinen dunklen Locken hat (und sie nie färben würde, sagt er *jetzt!*), erzählte von seinem eitlen Vater, der anfing, sich mit fünfzig die Haare sehr dunkel zu färben. Da er obendrein noch die beliebte, aber schreckliche Überkämmfrisur trug, taten sich die drei Töchter und der Sohn zusammen und gaben ihm in deutlichen Worten zu verstehen, diese Narretei zu unterlassen. Er brauchte eine gewisse Zeit, um die Kränkung zu verarbeiten, wurde schließlich aber vernünftig, umarmte erst sein tatsächliches Ich, dann seine neue Persönlichkeit und ist heute ein selbstbewusster, grauhaariger Mann mit angesagten Stoppelhaaren.

Daran sieht man allerdings auch das verlogene Prinzip der Geschlechterbewertung. Töchter fühlen sich zwar mit grauhaarigen Müttern oft sehr unwohl, haben aber mit grauhaarigen Vätern kein

Problem. Papi sieht einfach schick aus mit seinen silbrigen Fäden (diese Formulierung allein deutet auf etwas Wertvolles hin – so wie Juwelen) oder den grauen Schläfen.

Es gehört etwas Mut dazu, die nicht mehr ganz frischen Ideen und fransig gewordenen Labels über die eigene Person ab und zu infrage zu stellen und einen klaren Schnitt zu machen. Es ist leichter, wenn wir wahrnehmen, dass die alten Bilder, etwa bezüglich unserer Haarfarbe, längst überholt und nicht so sehr Verschönerung, sondern bloß eine Art Versteck und zweckmäßige Zwangsjacke geworden sind.

Aber nicht alle suchen nach dem wahren Selbst und der authentischen Mitte. »Also, mir müsste man schon die Farblotion aus meinen kalten toten Händen mit Gewalt reißen!«, witzelt eine Freundin.

Manche nehmen ihre Labels eben mit ins Grab.

12 Karrierekiller Grau?

Die meisten grauhaarigen Frauen sind überzeugt, dass ihre Haarfarbe auf dem Arbeitsmarkt eine große Rolle spielt. Eine negative natürlich. Frau sein und grau sein hat doppelte Nachteile, denn in fast allen Berufssparten steht Grau auf der schwarzen Liste. Es herrschen immer noch archaische Vorurteile, ganz besonders, wenn es darum geht, Frauen über fünfzig einzustellen. Die Chefs suchen sich in der Mehrheit lieber jugendlich aussehende Frauen aus, weil sie Angst haben, dass ältere Frauen dem Tempo nicht gewachsen und nicht so flexibel wie das junge Gemüse sein könnten. Studien belegen das genaue Gegenteil. Gerade Weisheit und Reife – von langjähriger Berufserfahrung ganz zu schweigen – tragen zu einer positiven Atmosphäre und harmonischen Balance am Arbeitsplatz bei.

Die Wahrheit über den Ausschluss von weiblicher Kompetenz ist wohl sowieso eine ganz andere. Es ist eher vorstellbar, dass männliche Chefs über fünfzig ganz einfach nicht gern gleichaltrige Frauen um sich haben. Sei es, weil sie sie an ihre eigene Ehefrau erinnern, sei es, weil sie bei einer erfahrenen Mitarbeiterin ihre Rolle als toller, überlegener Chef nicht ausleben und sie damit beeindrucken können. Diese Frauen würden sie ganz einfach durchschauen.

Grau *und* kompetent zu sein schreibt eine Gesellschaft immer noch automatisch den Männern zu ebenso wie Selbstbewusstsein und Durchsetzungsvermögen. Politiker, Wissenschaftler, Unternehmer, Banker tragen, wenn sie nicht ungewöhnlich eitel sind, silbergrau, denn es attestiert ihnen zugleich besondere Erfahrung. Und genauso wie in allen anderen Bereichen, wo der Sexismus fröhliche Urstände feiert, gilt das Gleiche natürlich nicht unbedingt für Frauen – weder im Berufs- noch im Privatleben.

Wir kennen das: Dynamische, erfolgreiche Frauen und weibliche Bosse mit eigener Meinung sind unattraktive, schrille Flintenweiber. Die gleichen Eigenschaften bei Männern: fantastische Köpfe mit Führungstalent. Grauhaarige Männer werden deshalb selten im Job diskriminiert, egal was sie anstellen. Die zwei letzten Präsidenten der Vereinigten Staaten, Bill Clinton und George W. Bush, beide 1946 geboren, waren bereits leicht angegraut, als sie ihr

Amt antraten. Clinton, der 1993 mit 47 Jahren ins Weiße Haus zog und einen Hauch Rock 'n' Roll und, wie sich herausstellte, auch oralen Sex während der Dienstzeit einführte, blieb der Bad Boy im Silberlook. Heute schneeweiß, konnte er sich als »elder statesman« wieder in die Herzen seiner vielen Fans schleichen und genießt seinen ehrbaren Status als charismatischer Redner.

Maus oder Drachenlady

Die ältere Frau als Chefin wird nicht so milde in die Arme geschlossen. Unvergesslich Meryl Streep als Miranda, Chefin eines Modemagazins, eine elegante, silberhaarige Drachenlady, in dem Kinohit *Der Teufel trägt Prada*. Eigentlich war dieser bissige Film aus der Modemagazinbranche, gekrönt mit Meryls eisiger Nonchalance, ein riesiger modischer Durchbruch für graues Haar. Zeigte er doch, wie chic und jung silberne Haare auf dem Kopf aussehen können. Da aber Miranda auch ihre vor Angst bibbernden jungen Angestellten herumscheuchte, niedermachte und ausbeutete, assoziiert man seitdem grauhaarige Chefinnen leider gern mit kalkulierenden Bürotyranninnen erster Güte.

Aber kommt stattdessen eine grauhaarige Angestellte oder auch Chefin als antiquierte Tante Käthe rüber, die nicht mit der Zeit gehen mag, ist es auch nicht richtig, weil sie dann angeblich die Kunden verschreckt, die offenbar nicht mit authentischen Menschen konfrontiert werden sollen. In den USA zog deshalb voriges Jahr eine trotzige Grauhaarige wegen Diskriminierung vor Gericht. Die erst 52-jährige Texanerin Sandra Rawline arbeitete sechs Jahre in einer Immobilienfirma in Houston, bis ihr Arbeitgeber kündigte, weil sie sich weigerte, ihre grauen Haare zu färben und eine von ihm vorgeschlagene »Modernisierung« über sich ergehen zu lassen. Sie sah ihm nämlich zu spießig und langweilig aus, ihr fehlte jeglicher Stil, wobei die wenig gestylten grauen Haare das I-Tüpfelchen auf dem Modedesaster waren.

Sandra selbst gefiel sich eigentlich ganz gut. Sie hatte schon mit dreißig die ersten grauen Strähnen, die sie keineswegs überfärben wollte, sondern vielmehr als ihr bescheidenes Markenzeichen sah. Ihr Chef sah das ganz anders. Als das Unternehmen in neue Räume ziehen sollte, nahm der Hobbystylist das zum Anlass, um ihr ungefragt und unentgeltlich Modetipps zu geben. Sie sollte schickere Kostüme anziehen, in denen sie attraktiver aussähe, Schmuck tragen, modische High Heels und alles in allem ein etwas mondäneres Bild abgeben. Und dazu gehörte auch überfärbtes Haar. Sandra lehnte ab und war prompt innerhalb einer

Woche (so was geht in den USA) ihren Job los, der genauso prompt an eine jüngere Kollegin gegeben wurde.

Der Chef war angesichts der Klage empört und wies jegliche Diskriminierung von sich. Die Kunden mochten die Mitarbeiterin einfach nicht, da täte die Haarfarbe nichts zur Sache, war seine Erklärung. Immerhin habe er selbst graue Haare, und es gebe auch noch zwei 64-jährige Beschäftigte in der Firma. Ja, Männer.

Schlaue Köpfe – graue Köpfe?

Marlen (54), Musikerin und Dichterin in New York, findet die Angst vor Altersdiskriminierung im Job leider ebenso berechtigt. »Es gibt einen großen Zusammenhang zwischen Geld, Macht (oder eben Machtverlust, wenn man nicht in einer sehr sicheren Position ist) und Aussehen. Dass man tatsächlich wegen grauer Haare einen Job – oder auch einen Mann – nicht kriegt, macht einen noch viel verletzlicher auf ganzer Ebene. Natürlich möchte man sie dann verbergen.«

Sie selbst findet graue Haare gar nicht mal schrecklich und würde sie auch nicht verstecken, aber sie möchte sich gern anpassen. Sie färbt sich die Haare seit zwanzig Jahren aus beruflichen Gründen. »Ich singe in einer Band und wäre die einzige Graue, das sticht zu sehr raus, das will ich nicht.«

Dabei können Künstler, Reiche und Freiberufler, egal welchen Geschlechtes, sich eine ganze Menge mehr erlauben als Angestellte mittleren Alters. Für die ist das Problem noch größer, wenn sie mit vielen Menschen in Berührung kommen. Das macht es einem Arbeitgeber nämlich leichter, jemandem zu kündigen, der zum Beispiel wie ein alter Hippie aussieht. Kurzes, gefärbtes Haar hingegen bietet weniger Angriffsflächen und sieht nach Professionalität aus.

Auch in akademischen Berufen, wo doch der Intellekt, nicht das Haar, die Hauptrolle spielen sollte, gilt das antigraue Gebot. Anja (48) aus Hamburg ist Professorin der Philosophie, die blonde Strähnen in ihr angesilbertes Haar färbt.

»Ich weiß nicht, wie schädlich graues Haar ist, aber sicherlich hilft es nicht im Beruf. Die meisten meiner Freundinnen färben ihre Haare, wenn sie noch im Berufsleben stehen. Eine Freundin von mir ist schon sehr jung fast weiß gewesen und färbt ihre Haare ziemlich dunkel – ist aber gut gemacht, weil sie sowieso jung aussieht. Da sie nicht nur in einem sehr umkämpften Bereich arbeitet, sondern auch noch Single ist, würde sie nie im Leben mit dem Färben aufhören!«

Während manche Frauen sich einfach den ungeschriebenen Regeln unterordnen und gar nicht erst einem vorwitzigen grauen Haar eine Chance geben, vielleicht sogar schick auszusehen, kriegen andere eindeutige Anweisungen.

So wie eine Bekannte aus London, die als 58-jährige Finanzberaterin in einem großen Unternehmen arbeitet: »Man sagte mir unmissverständlich, wenn ich auch nur einen Hauch von grauen Strähnen zulassen würde, wäre das, als würde ich eine Notiz für professionellen Selbstmord hinterlassen. Also färbe ich meine Haare seit zwanzig Jahren.«

Geföhnt und gefärbt für das Volk

In der Politik geht es nicht anders zu. Immerhin ist sie ein Bereich, in dem Auseinandersetzungen über die besten und progressivsten Ideen stattfinden sollen, die das Wohlbefinden des Volkes verbessern und Fairness für alle anstreben. Schönes Haar signalisiert Erfolg und Selbstbewusstsein, in der Politik sogar noch Vertrauen und Glaubwürdigkeit. Deshalb muss es dort bei Frauen gebändigt, gefärbt und tugendhaft kurz daherkommen. Gerade die Politikerinnen können ein sehr langes Lied davon singen. Auch wenn man leider nie dabei ist, wenn Coiffeur und Staatsrepräsentantin ihre Frisur besprechen, so kann man doch sicher sein, dass es den Status eines Staatsgeheimnisses hat. Friseure begleiten die hochrangigen Politiker fast immer auf deren Reisen. Schließlich lassen sich Reden über Haushaltsdefizite und Steuererhöhungen schlecht mit noch schlechter sitzendem Haar (fusselig, Kletten, abstehend) unter die Bürger bringen.

Gerade bei den Volksvertreterinnen, die doch Alter und Authentizität demonstrieren könnten, sieht es gefärbt aus. Bei den deutschen Politikerinnen gibt es fast keine prominenten Grauhaarigen über fünfzig. Alle sind gefärbt, getönt oder gesträhnt – von Angela Merkel, Ursula von der Leyen, Ulla Schmidt und Sabine Leutheusser-Schnarrenberger bis zu Silvana Koch-Mehrin und Claudia Roth. Nur die ehemalige Bundesministerin für Wissenschaft und Forschung, Annette Schavan, und Renate Schmidt, ehemalige Bundesfamilienministerin, beide silberhaarig, sind rühmliche Ausnahmen. Aber auch bei jungen Politikerinnen fällt das generelle Färbefieber auf, wobei der Anteil der Kunstroten bei ihnen auffallend hoch ist.

Mein Kurztest auf einer Webseite über internationale Politikerinnen zeigte drei grauhaarige Frauen von zirka 200, von denen nur knapp fünfzig Prozent unter fünfzig waren. Selbst die schienen entweder blond oder rot gefärbt. Cristina Fernández de Kirchner (59), die erste weibliche Präsidentin von Argentinien, hat schokofarbene lange Locken. Die vielen Fotos der brünetten französischen Vorzeigepolitikerin Ségolène Royal (59) zeigen eine hübsche Frau, die mit den Jahren immer dunkler, nicht etwa heller wurde, Julia Timoschenko (52), die ehemalige Premierministerin der Ukraine, ist flachsblond gefärbt (der Zopf ist künstlich).

Als eine amerikanische Journalistin 2010 auf die Suche ging, um weibliche Politikerinnen zwischen 54 und 76 zu finden, denen kein graues Haar durch Färberei gekrümmt worden war, sah es ziemlich düster beziehungsweise gefärbt aus. Kurz gesagt, sie fand keine. Nancy Pelosi (72), von 2007 bis 2011 Sprecherin des US-Repräsentantenhauses, ist dunkelbraun gefärbt, Hillary Clinton (65) trägt ihre Haare leicht blond-grau gesträhnt (immerhin kein grelles Kunstblond), und auch der Rest der Senatorinnen und Abgeordneten aus allen politischen Lagern war durchgefärbt.

Die einzige Politikerin, die wegen ihres Mundwerks – das so groß war wie ihr Bundesstaat Texas, den sie als Gouverneurin regierte – sowie wegen ihrer schlohweiß leuchtenden und sorgsam ondulierten Damenfrisur berühmt war, nämlich Ann Richards, ist inzwischen tot. Sie war eine sehr beliebte Politikerin, was auch wieder zeigt, dass einige Frauen nicht trotz, sondern wegen unverfälschten Haupthaars zur Ikone werden können. Für Königinnen gilt das natürlich auch. Wer möchte sich die silberhaarige britische Königin Elizabeth anders als ein krönendes Vorbild für Stil, Stolz und Noblesse vorstellen?

Es ist keine schlechte Idee, sich sein graues Haar zum Markenzeichen zu machen. Denn es zeigt sich immer wieder, dass die Umwelt sehr positiv und bewundernd auf Mut zur Natur reagiert. Liegt es am Land oder am Selbstbewusstsein der Französinnen? Christine Lagarde (56), Frankreichs ehemalige Finanzministerin und inzwischen erste Chefin des Internationalen Währungsfonds, ist die Vorzeigesilberhaarige. Man sieht ihr den Stolz und das Selbstverständnis an, mit denen sie auftritt. Schlank, schnittig, schick und professionell, ist sie weniger besorgt um die Haarfarbe als um den immer noch existierenden Männerüberschuss in der Politik: »Es sollte niemals zu viel Testosteron in einem Raum sein!«, sagte sie vor Kurzem. Schön wäre auch, wenn es nicht zu viele gefärbte Haare auf Frauenköpfen im selben Raum gäbe.

Möglich wäre es, denn ich glaube trotz gegenteiliger Fakten nicht, dass es so aussichtslos ist, wie es manchmal scheint. Niemand wird beruflich einzig deshalb abgelehnt werden, weil er graue Strähnen hat. Es stimmt auch nicht, dass Alter und Haarfarbe das Berufsleben derartig beeinflussen, dass man sich den unfairen menschen- und frauenfeindlichen Erwartungen hilflos unterwerfen muss. Für jede Frau, die behauptet, dass ihr graues Haar ihr einen tollen Job vermasselt habe und dass es nicht anders ginge als mit Anpassung, gibt es eine andere, die vehement widersprechen und derlei als übertrieben abtun würde. Ab und zu wird es auch welche geben, die behaupten, dass es sogar geholfen habe.

Und da kommen wir zu dem vielleicht sogar wichtigsten Punkt. Es ist die alte Frage, die sich Frauen bis zum Lebensende immer wieder stellen müssen, wenn sie sie mit vierzig noch nicht geklärt haben: Wer will ich sein? Opfer? Angepasste Mitläuferin? Oder kluge, fordernde, gleichberechtigte Weltbürgerin, die für ihre Rechte kämpfen will? Es anders zu machen, bei seinen Überzeugungen zu bleiben, nicht mitzumachen bei Geschlechterdiskriminierung – das ist eine Entscheidung, kein Schicksal. Werden nicht für jedes Alter und Geschlecht, für jede Berufsgruppe und jede Generation immer noch Vorbilder gesucht? Und dazu gehören besonders bei Frauen solche, die ihr Alter nicht verstecken wollen. Anders zu sein als der Rest ist gar nicht so schlecht. Und Künstlichkeit runterzuspielen auch nicht.

13 Mit sechzig noch sexy? – Dating in Grau

»Mit Grau wirst du nix bei Männern!«, weiß eine Freundin und lacht leicht zynisch, »die sehen gleich ihre Mutter und ihre eigene Vergänglichkeit.« Frauen wissen ja immer alles über Männer und deren geheime Fantasien, deren Vorstellungen von Schönheit, Sexualität und Attraktivität, was diese sich von ihren Frauen und Geliebten wünschen, wie diese die Frau an ihrer Seite sehen. Zumindest glauben die Frauen das.

Fakt ist, dass es sich dabei meistens um eigene Projektionen oder erlernte oder angelesene Vorstellungen handelt, die selten hinterfragt werden, ewig vor sich hin dösen und Verwirrungen und Wut auslösen. Ich persönlich kenne keinen Mann, der per se graue Haare hasst oder besonders hässlich oder extrem unerotisch und alt findet. Das Gegenteil ist öfter der Fall.

Mir sagte ein grauhaariger, geschiedener Mann von 54 etwas sehr Komisches. Er würde wirklich sehr gern grauhaarige Frauen in seinem Alter kennenlernen, aber er trifft selten eine, »*weil sie alle gefärbt sind*«. Er bestand auch darauf, dass Männer zwar hübschen jungen Frauen automatisch nachschauen, das aber nicht heißt, dass sie unbedingt in sie verliebt sind und nun ihr Leben mit ihnen verbringen wollen.

Ich habe einige Männer befragt, gute Bekannte, einen Exliebhaber, fremde Männer im Café oder in Ausstellungen oder wo man sonst für eine Weile herumsitzt oder herumsteht. Und eben auch Ehemänner von Freundinnen (hinter deren Rücken!). Und gleich da ging es los mit gewissen Ungereimtheiten im Eheterritorium, auf die man als außenstehende, naive Fragerin schnell stößt. Bis auf eine Ausnahme haben nämlich alle mir bekannten Ehemänner über fünfzig und sechzig, selbst alle grauhaarig, eindeutig gefärbte Frauen in allen erdenklichen Farben. Und das nicht wegen eines Färbebefehls des Ehemannes!

Umgekehrt ist das Duo grauhaarige Frau, gefärbter Mann immer noch sehr selten. Vielleicht, weil es peinlich wäre? Oder hat sie, die selbstbewusste Grauhaarige, ihm das Färben ausgeredet oder glattweg verboten? Gefärbter älterer Mann mit junger Frau ist in Ordnung. Beide grau, passt irgendwie am besten. Man demonstriert Lässigkeit und Selbstbewusstsein, denn man sitzt im selben Boot.

Also, um das Rätsel der verschwundenen grauen Haare bei Frauen zu lösen, spielen wir mal Sherlock Holmes. Da in den meisten Fällen also kein Mann die Frau zum Färben zwingt, warum genau bleiben nun Frauen beim Färben ihrer Haare?

Fest steht, dass wenige Frauen das Haarefärben enthusiastisch begrüßen. Viele geben an, dass sie sich lediglich dem Diktat des Jugendwahns in unserer Gesellschaft unterwerfen und beruflich nicht benachteiligt werden wollen. Manche geben an, sich gefärbt lieber zu mögen. Denn fragt man Frauen, für wen sie sich schick anziehen, schön machen, schminken, dann sagen sie seit Jahrzehnten nicht mehr für die Männer, sondern »für mich selbst«. Was zum Teil eine kleine Lüge ist, denn Studien wollen herausgefunden haben, dass sie es auch für andere Frauen tun, mit denen sie sich dauernd vergleichen.

Was Männer speziell denken, ist ihnen also wurscht? Ich glaube es nicht, denn sie vergleichen sich mit anderen Frauen eben nur deshalb, weil sie die Konkurrenz für den fittesten Versorger aus dem Feld schlagen wollen. Ein alter genetisch bedingter Reflex, den auch grauhaarige Frauen ohne Kinderwunsch immer mal haben. Also, kurz und gut, die Männer sind mal wieder schuld an dem Druck, den Frauen in Bezug auf ihr Aussehen empfinden, obwohl die Frauen ihn selbst kreiert haben. Es sind nämlich nicht die Männer, die graue Haare an Frauen so stören – es sind die Frauen selbst. Fall richtig erkannt, doch leider nicht gelöst.

Aber hier offeriere ich einen Rat zur endgültigen Lösung. Wir sind alt genug, um selbst zu sagen, was schön ist und was wir schön finden, um dann einen Mann daran teilhaben zu lassen wie an einem Kunstwerk. Wenn wir uns in unseren Schönheitsvorstellungen einschränken, begrenzen wir auch alle Variationen unseres Aussehens und der Persönlichkeit. Oder banal wirtschaftlich ausgedrückt: Wir shoppen auch lieber in einem Laden mit großer Auswahl.

... und sie mögen es doch!

Lassen wir doch ein paar Männer selbst im O-Ton erzählen, wie sie zu grauhaarigen Frauen stehen. Zunächst eine überraschend originelle Aussage, die vielleicht eine leicht zynisch gefärbte Komponente enthält: »Auf eine gewisse Weise mögen Männer die Wahrheit, und zwar eine offensichtliche, so wie graue Haare. Das kommt wirklich gut an. Vielleicht liegt es daran, weil Frauen oft lügen und so oft ganz gegensätzliche Signale aussenden – und wir Männer generell verwirrt und misstrauisch sind«, gesteht Franz-Peter, 56 Jahre alt und Röntgenonkologe mit einem »durchdringenden« Blick für attraktive Frauen.

Klaus, ein fünfzigjähriger sehr erfahrener und enthusiastischer Dater, sagt: »Ich glaube, eine Frau mit grauen Strähnen hat etwas unwiderstehlich Distinguiertes, besonders wenn sie unter fünfzig ist! Ich mag es sehr gern und finde es sexy. Ich glaube allerdings auch, dass nur selbstbewusste Männer die Frau mit den grauen Strähnen an ihrer Seite haben wollen. Wer das nicht ist, hat Angst, von anderen Männern bewertet zu werden. Dass er keine jüngere kriegt oder so.«

Dass Männer auch auf ganz andere Dinge bei einer Frau reagieren als einen großen Busen und kleinen Intellekt, scheint immer noch nicht klar genug zu sein, findet Jens (58), der Makler und geschieden ist. »Energie, Witz und Authentizität finde ich umwerfend bei Frauen, das macht mich neugierig. Hat sie graue Haare, toll, hat sie keine, auch toll. Ich glaube, mehr Männern, als man denkt, ist das egal. Genauso wie andere Dinge. Deshalb will ich eins noch mal betonen. Ich kenne keinen Mann, der einen künstlichen Busen wirklich aufregend findet!«

Michael, ein 64-jähriger Restaurantbesitzer, der eine neue grauhaarige *und* gleichaltrige Freundin hat, sieht das alles entspannt: »Zum Thema Frauen und graue Haare kann ich nur sagen: Frauen sehen allgemein gut aus mit ihrem eigenen und echten Haar. Es kommt auch auf den Schnitt und das

Selbstbewusstsein der Trägerin an. Frauen, die sich mit Haar und Haut wohlfühlen, sind sowieso interessanter! Ich finde ja auch, dass die Haarefärberinnen eine bestimmte Mentalität haben, die mir nicht zusagt. Ich würde es mir sehr genau überlegen, ob ich mich mit einer stark gefärbten Blondine einlassen würde!«

All das hört sich ziemlich vernünftig an, und keine Frau muss sich bei diesen Aussagen die Haare raufen – gefärbt oder nicht – und sich jenseits der Fünfzig für eine der am wenigsten begehrenswerten Kreaturen halten, so wie manche behaupten.

Älter und grau – wow!

Ein Psychiater erzählte mir allen Ernstes, dass Männer Frauen, die keinen Eisprung mehr haben, überhaupt nicht mehr anziehend finden. Und scheinbar vermitteln vor allen Dingen graue Haare die Botschaft: »Hallo, ich habe keine zu befruchtenden Eier mehr auf Lager!« Nicht mal Falten und knackende Gelenke haben demnach so eine abschreckende Wirkung!

Also erst mal: Wer sagt, dass Männer immer nur Frauen hinterher sind, weil sie sich unbedingt fortpflanzen wollen? Das Gegenteil ist doch der Fall, denn sehr viele Männer, besonders wenn sie über

45 sind, wollen nur Sex aus Spaß, Lust oder manchmal Langeweile oder Selbstbestätigung haben.

Und dann gibt es ja noch die ganz menschlichen Fälle, wo sich ein Mann ganz einfach in eine Frau verliebt und es ihm egal wäre, wenn sie gar keine Haare hätte. Also die verräterische Haarfarbe allein kann es nicht sein, die Frauen entweder auf die Abschussliste platzieren oder den Sexsockel hieven. Das Mysterium der Liebe, der sexuellen Anziehung und all die Eigenschaften, die einen Mann oder eine Frau aneinander begeistern, sind also trotz verdrehter Interpretationen von Psychiatern und Fakten von Forschern gesichert und bleiben angenehm geheimnisvoll.

Vielleicht war es die Nachbarin, vielleicht die Lehrerin oder Mutter, die junge Bengel einmal zu vorwitzigen Fantasien inspirierten. Peter, ein 49-jähriger Produktionsleiter, der auch Filme über alles liebt, schätzt besonders eine Frau: »Ich hatte schon immer ein Ding mit Mrs. Robinson. Ich weiß nicht warum, ich finde Frauen mit grauen Strähnen umwerfend.«

Wer kennt sie nicht, die legendäre Verführerin Mrs. Robinson in dem Film *Die Reifeprüfung* von 1968 – eine der ersten Frauen im Film, die sexy waren und graue Strähnen im dichten Haar hatten? Schick, süffisant und schnurrend wie eine riesige Katze auf der Pirsch, griff sich Schauspielerin Anne Bancroft den pickligen, stotternden kleinen Wiesel

Dustin Hoffman. Sie war eine Sensation (und ein Skandal). Es war klar, dass so eine hochmütige Frau wie Mrs. Robinson (Bancroft war erst 46!) zu ihren grau melierten Haaren stand und in ihnen keinen Widerspruch zu verführerischer Unterwäsche, schwarzen Strümpfen und einem Leopardenmantel sah.

Die Sehnsucht von neugierigen, spielfreudigen jungen Männern nach erfahrenen Frauen ist fast zwei Generationen später nicht nur geblieben, sondern ist scheinbar noch größer geworden. Oder sie ist einfach nur gesellschaftsfähig geworden. Könnte es auch der Mutterkomplex sein, oder sind gleichaltrige Frauen zu sehr mit ihrer Karriere beschäftigt?

Die 65-jährige Autorin Isabella Bernstein, die ihre teils komischen, teils deprimierenden Online-Dating-Erlebnisse in dem Buch *Sexy Sixty – Liebe kennt kein Alter* sehr scharfzüngig und unterhaltsam schildert, erlebte immer wieder, dass graue Haare kein Problem für die jungen und alten Glücksritter waren. Im Gegenteil. Ihr Profilfoto mit den silbernen Haaren wurde öfter mit charmanten Komplimenten bedacht. Überhaupt meldeten sich Hunderte von Männern auf ihr Profil, in dem sie auch ihr Alter wahrheitsgemäß angegeben hatte. Entgegen vieler Annahmen finden Männer zumindest online grauhaarige Frauen offenbar meist sehr interessant und sexy.

»Ich kann sehr gut verstehen, dass die jüngeren Männer, die sich dauernd von jungen bindungsbegeisterten Frauen mit laut tickenden biologischen Uhren umzingelt sehen, von uns mehr in sich selbst ruhenden älteren Frauen begeistert sind«, schreibt sie ganz selbstbewusst.

Auch die Autorin des Buches *Going Gray*, Anne Kreamer, erlebte nach eigenen Angaben eine wunderbare Reaktion, als sie das erste Mal im Originalgrauton unterwegs war. Ob es ihr fröhlicher und federnder Gang war oder ihr glückliches Lächeln – wer vermag das zu sagen –, aber ziemlich bald sagte ein Mann auf der Straße zu ihr: »Hallo, du Hübsche.« Das hört man als Frau sehr gern, und vor allem hört man es leider nicht oft genug. Sollte graues Haar den Charmeur und echten Bewunderer reifer Frauen hervorbringen – dann nichts wie weg mit Tuben und Tinkturen, Gummihandschuhen und Plastikhauben. Doch hielt die Begeisterung auch bei einer Partnervermittlungsagentur vor?

Das wollte auch Anne Kreamer testen und ging genauso wie Isabella Bernstein online. Sie war allerdings trickreicher und nahm einmal ein altes Foto mit dunklem, gefärbtem Haar und einmal ein neues mit silbergrauem Haar – der Text für ihr Profil blieb derselbe. Sie schreibt, dass die Frau mit den grauen Haaren dreimal so viele Reaktionen von interessierten Männern erhielt.

Alles Lüge oder was?

Doch es gibt immer Ungläubige und Zyniker – oder sind es Neider?

»Wer's glaubt, wird selig«, mokierte sich eine Journalistin, die so ihre Zweifel an der Ehrlichkeit dieses Ansturms von Komplimenten für Anne Kreamer hatte. Sie verdächtigte sogar die Herren irgendwelcher dunkler Motive.

»Ich fürchte, dass echtes graues Haar nicht deshalb mehr Männer anzieht, weil sie ehrliche Frauen, die zu ihrem Alter stehen, so lieben, sondern weil sie hoffen, eine verzweifelte zu finden.«

Bei der sie dann bessere Karten haben!

Aua, das ist hart. Und einfach nicht wahr!

Irgendwie zementiert eine solche Einstellung wieder den Mann als ewigen Lügner mit einer Agenda. Können denn wirklich alle Männer Verbrecher sein, so wie es der alte Schlager behauptet?

Also noch mal: »Ich finde Frauen, die damit beschäftigt sind, graue Haaransätze zu verdecken, weit weniger interessant als diejenigen, die sich mit Leidenschaft dem Leben widmen«, betont Dietrich, ein äußerst attraktiver sechzigjähriger Mann mit grauen Schläfen.

Ich selbst habe es dann endlich auch getestet. Ich machte mir ein Onlineprofil zurecht, in dem ich mich als Zahnärztin ausgab, und stellte ein aktuelles Foto mit eindeutig grauen Haaren auf drei verschiedene Webseiten. Auch ich bekam sofort am ersten Tag mindestens zehn Anfragen pro Webseite nach meiner »attraktiven und interessanten« Person. Mehrere Männer, auch unter vierzig, bemerkten noch, wie gut ihnen mein langes graues Haar gefiel. Ich glaube, es war nicht nur die Farbe, sondern noch mehr die Haarlänge, die irgendwie als stilsicher rüberkam.

Kurt (55), ein Koch, erklärt seine Vorliebe: »Ich finde graue Haare, besonders wenn sie lang sind, an Frauen sehr schön und wundere mich oft, warum nicht mehr Frauen ihre Haare einfach grau sein und wachsen lassen. Ich nehme allerdings an, dass ein Teil dieser Attraktivität damit zu tun hat, dass die Norm in dem Alter kurzes gefärbtes Haar ist. Immer wenn ich eine Frau mit langen grauen oder weißen Haaren sehe, denke ich daher, oh, die muss aber sehr selbstbewusst und eine unabhängige Denkerin sein. Und das finde ich eben sehr reizvoll.«

Man könnte auch Männer, die so etwas sagen, sehr reizvoll finden. Oft fallen sie ja selbst in die Kategorie der Männer mit den grauen Schläfen. Über die gibt es einiges zu berichten.

14 Der Mann mit den grauen Schläfen

Ach ja, der Mann mit den grauen Schläfen. Er ist stolz und ruht in sich. Seufz! Ein Charmeur und eleganter Gentleman der alten Schule. Ein Grandseigneur mit Stil und Sexappeal, halt ein Feingeist und Gourmet – da denkt man an Geld und Adel, Fasanen und Pferde, Fuchsjagd und teure Oldtimer, Asbach Uralt, seidene Schals und gelbe Pullis, die um die Schultern geschlungen sind. Und an ein vergnügt-vielsagendes Zwinkern in leuchtend blauen Augen, die einen aus einem gebräunten Gesicht mit attraktiv arrangierten Falten anblicken. Die Damenwelt ist hin, denn Grau heißt hier auch Geld. Wie machen die Herren das bloß?

Vielleicht glauben einige, dass der liebe Gott, immerhin bekennender Chauvinist, auch hier den Männern einen Sonderposten zugeschanzt hat: nämlich lediglich graue Schläfen und Koteletten, die verwegen wie angeklebt unter einem sonst jugendlich gebliebenen dunklen Jagdhundbraun sitzen. Doch keineswegs! Hier sind Haarartisten am Werk, die der verwunderten Welt ein tollkühnes Farbgesamtkunstwerk präsentieren, auf das Frauen einfach nie kommen würden. Hier sagt das Haar der Abschnittsergrauten: »Hey, ich biete euch einen Kompromiss an: ein bisschen Farbe und ein bisschen Realität in einem attraktiven Gesamtpaket – auch wenn die Haare doch sehr nach Mafiamitgliedschaft aussehen.«

Die Schamgrenzen sind jedenfalls längst gefallen, und viele Männer färben neuerdings ganz selbstverständlich ihr Haar. Der Farbrausch geht auch bei den Herren der tausend Brauntöne um. Aber das kosmetische Versteckspiel mit fataler Optik erzeugt öfter unfreiwillige Heiterkeit oder auch Verstörung als Bewunderung. Ganz besonders, weil er beteuert, dass dieses herrliche Mahagonihaar ein großzügiges Geschenk der Natur sei und nicht von Schwarzkopf, Wella & Co.

Eigentlich ist es ein bisschen enttäuschend, denn Männer sind ja bekannt dafür, dass sie den Frauen jede kosmetische Eskapade und jede modische Narrheit in dieser Welt mit einem milden, halb bedauernden, halb erleichterten Lächeln überließen. Unbequeme Schuhe, zu enge Klamotten? Nicht für sie! Operierte Nasen, gestraffte Wangen? Was? Wie? Wir sind Gottesgeschenke – im unveränderten Original in allen Altersklassen schön genug für jedermann und jede Frau! Wir Frauen haben sie für

diese Coolness und das ungebrochene Selbstbewusstsein wirklich bewundert.

Die Männer haben natürlich viel aufzuholen. Sie
hatten all die Jahrzehnte eigentlich nur Haarwasser,
Klettenwurzelöl, Pomade und Frisiercreme zur Hand
(das war vor den offiziellen Gel-Jahren!), alles andere war unmännlich und eitel. Jeder Mann, der
auch nur einen Kamm aus der Hosen- oder damals
Aktentasche geholt hätte – außer er war ein Elvis-
Anhänger und unter zwanzig –, um sich durchs
Haar zu fahren, hätte sich verdächtig gemacht, für
was auch immer. Mein Vater, der ab 1961 (er war
fünfzig) stolz mit modisch kurzen (kein Scheitel,
etwas nach vorne gekämmt) ergrauenden Haaren
punktete, hatte allerdings in seiner Schreibtisch-
schublade im Büro eine kleine Haarbürste – das war
aber ein Geheimnis.

Natürlich waren und sind Männer eitel. Und Haar,
viel Haar möchte jeder Mann gern haben, aber nicht
unbedingt immer grau. Denn über allem lauert das
Gespenst der internationalen schönen Glamour-
Graufüchse wie George Clooney, auch schon 51, Ri-
chard Gere und Ikone Cary Grant, alle elegant und
sexy, mit viel Haar ausgestattet. Selbst unser Sky du
Mont kann da mithalten. Ja, wenn man so aussähe,
so rasend souverän und weltmännisch, seufzen die
Durchschnittsgrauen, dann würde man an den »Men
Perfect«-Haarfärbepackungen bei Rossmann desin-

teressiert vorbeigehen. Aber wer kann dem Schwarz-kopf-Slogan »Trauen Sie sich. Entgrauen Sie sich!« schon widerstehen? Denn nach der Aussage des sexy und fitten Models von 43 auf der Packung passen Sport und graue Haare nicht zusammen.

Eine Kollegin klärte mich darüber auf, wie salonfähig Verjüngungstricks für Männer geworden ist. »Ich habe einen Freund, der sich ein wenig die Haare tönt, nur um so einen frischen Ton zu haben – und er ist keineswegs ein eitler Typ, sondern ein Dozent! Ich finde aber, dass Männer fast immer besser mit grauen Haaren aussehen. Bei ihnen ist es ja auch angeblich distinguiert. Bei uns Frauen sieht es nur ›matronenhaft‹ aus!«

Farbenfrohe Männer

Die internationale Färbergemeinschaft ist so leicht zu entlarven, dass es eigentlich betrübt. Monströse Bösewichte wie Saddam Hussein und Gaddafi waren genauso grotesk gefärbt wie Italiens ehemaliger Ministerpräsident Silvio Berlusconi, bei dem obendrein kleine implantierte Haarbüschel auf dem Kopf sitzen. Dass Macht und Geld von solchen Scheußlichkeiten stark ablenken, zeigte sein Erfolg bei fröhlichen Sexpartys mit sehr jungen Mädels, die ja ihren Blick eher auf volle Brieftaschen und nicht auf volles Haupthaar richteten. Auch Elton Johns einst keckes Toupet wich nach Jahrzehnten vergnügter Frisurenversuche den Implantaten. Man kann aber auch dem selbst gewachsenen Haar eine unverwechselbar persönliche Note geben, so wie der amerikanische Wirtschaftsmagnat Donald Trump. »The Donald«, wie ihn seine blond gefärbte Exfrau Ivana zu nennen pflegte, verteilt sein teils graues, teils karottenfarbenes steif gesprühtes Haar in einer langen Tolle über den ganzen Kopf. Es ist ausgesprochen selten, dass echtes Haar so sehr wie eine Fantasieperücke für eine antike Puppe aussieht.

Natürlich gibt es in der Welt des Entertainment nach wie vor verblüffende Haarwunder. Elvis war nicht nur der King der Hüften und der sexy Stimme, sondern der erste Haarefärber der neu entstehenden Nachkriegspopwelt. Da einen auch im Kino die neuen, herrlich bunten »Technicolor«-Töne geradezu blendeten, war man verrückt nach Farbe. Und keiner ging unerschrockener an sein Haar als Elvis, der seine schäferhundbraune Entenschwanzfrisur blauschwarz färbte. Das war ein Ton, den man bisher nur von Schneewittchen, Raben und Elizabeth Taylor kannte.

Seinem Beispiel folgten auch Schauspieler wie Tony Curtis und Rock Hudson – und keiner fand es unmännlich. Aber was fährt in Männer wie Sean Penn (52) oder Al Pacino (72), deren lächerliches

Schokohaar mit passenden Augenbrauen nur von ihrer starken Spielkunst ablenken? Auch Nicolas Cage und John Travolta geben sich dem vollen Haarfärbeprogramm hin. Beide haben stark sichtbare implantierte Haarfäden am Haaransatz und eine Vorliebe für den Ton »Kastanie«, genauso wie Arnold Schwarzenegger. Und Paul McCartney, einst Bandmitglied der berühmtesten Langhaarigen der Welt, ist heute vielleicht *der* begeistertste Färber weltweit, der nur noch von Regisseur Dieter Wedel in den Schatten gestellt werden könnte, was Farbton und Vehemenz angeht. Denn auch deutsche Männer aus der Filmbranche färben hier und da.

Ein interessantes *Tatort*-Duo – nach dem Motto »einer färbt, der andere eher nicht« – sind Axel Prahl und Jan-Josef Liefers. Während Prahl sein glattes Haupthaar natürlich angegraut trägt, sieht Liefers ein bisschen wie ein Magier auf einem alten Plakat aus oder aber wie eine flink gezeichnete Karikatur, bei der man Haare, Augenbrauen und Bart mit schwarzem Filzstift in wenigen Strichen skizziert hat. Und die Kontroverse um Exkanzler Schröders tiefbraunes Haar und sein empörter Aufschrei »Ich färbe nicht!« ernteten die besten Lacher. 2002 zog er deswegen sogar vor Gericht. Toll, dass er gut zehn Jahre später – wahrscheinlich hat er als geschickter Politiker einen Deal mit der Natur ausgehandelt – immer noch »haargenau« die gleiche satte dunkle Farbe trägt.

Ich persönlich finde es sehr interessant – und zugegebenermaßen ist es auch eine Quelle nimmermüder Belustigung –, dass man die Palette der Farben für überfärbtes Grau ausgerechnet aus der Tierwelt geholt zu haben scheint. Vielleicht sitzen ja die Farbkompositeure der Haarprodukte mit ihrem Chemiekasten viel in Wald und Flur oder im Zoo. Daher kommt vielleicht das klassische Pferde- und Rehbraun, gefolgt von Boxer- und Dackelbraun, welches böse Zungen auch als Knackwurstbraun bezeichnen würden. Die unglückselige rötliche Richtung zeigen uns das Känguruh, der Irish Setter, der Rotfuchs und das possierliche Eichhörnchen.

Merke: Was an Vierbeinern phantastisch und natürlich aussieht, ist auf dem Kopf des Menschen eher eine Fehlanzeige.

Versilbert

Das merken manche Männer, Gott sei Dank, selbst und kommen nur kurz vom geraden Weg ab, wie der sehr persönliche Irrweg eines früh Ergrauten zeigt. Michael (68) ist ein Fotograf mit irischen Wurzeln, der schon mit dreißig anfing, grau zu werden. Das sah ziemlich schick in seinem fast schwarzen Haar aus, aber mit fünfzig hatte er bereits weißes Haar, das er in einem langen Zopf trug.

»Ich weiß nicht, ob Männer das so tun wie Frauen – sich miteinander zu vergleichen, was graue Haare betrifft. Ich jedenfalls nicht, denn ich hatte ein anderes Problem. Mein Vater hatte genauso wie ich früh graue Haare. Da er ein sadistischer Alkoholiker war und uns Kinder prügelte und schikanierte, kriegte ich einen Riesenschrecken, wenn ich in den Spiegel guckte. Also hatte ich mit 54 eine Phase, in der ich aus lauter Neugier verschiedene dunkle Haarfarben ausprobiert habe. Die ganze Haarstruktur änderte sich, und die ganze Prozedur war eine einzige Schweinerei, also hörte ich auf.«

Er ließ sich die Haare zum endgültigen weißen Bürstenschnitt schneiden, den er bis heute trägt.

In der Politik, eigentlich auch ein Jahrmarkt der Eitelkeiten, wird bei den Männern nicht so extrem gefärbt – siehe den grau melierten Kurt Beck, Joschka Fischer und Klaus Wowereit, die schlohweißen Herren Steinmeier und Seehofer und die ganze männliche Grünen-Riege über 55.

Auch unsere Männer aus der intellektuellen Szene und der Unterhaltungsindustrie können mithalten. Die meisten *Tatort*-Kommissare, Wim Wenders, Henryk M. Broder, der attraktive Frank Schätzing, Tierschützer Hannes Jaenicke, Harald Schmidt, Mario Adorf, André Heller, ja, und Rainer Langhans, der dem naturbelassenen Hippiestatus alle Ehre macht, sind naturgrau (während Uschi Obermaier kräftig färbt). Und auch der kürzlich verstorbene schneehaarige Gunter Sachs, der schon als 37-Jähriger seine silbernen Schläfen in St. Tropez zeigte, sah damit distinguiert aus. Genauso wie Karl Lagerfeld, dessen puderiges, weißes Zuckerwattehaar als Status und eigenwilliges Statement gilt.

Damit man auch sieht, dass selbst Hollywood eine Handvoll naturbelassener Herren zulässt, sollen die sehr angenehm ergrauten Robert De Niro und Michael Douglas erwähnt werden. Letzterer hat seine kosmetischen Eingriffe im Gesicht. Außerdem gibt es auch noch Talk-Show-Star Jay Leno, die Regisseure David Lynch und David Cameron.

Auch wenn man der gesamten Unterhaltungsbranche ziemlich viele eitle und narzisstische Sachen unterstellt, so gibt es gerade in der Musikwelt Freiräume und keine so große Angst vor den Zeichen der Zeit. Bob Geldof treibt, früh ergraut (und schlecht frisiert, leider!), seit Jahren Millionen für wohltätige Zwecke auf. Und auch die Mehrheit der alten Rockstars aus den Sechzigern und Siebzigern scheint ihren rebellischen Status nicht verloren zu haben und trägt weiß und grau – von Neil Young, Ringo Starr, Sting, aber auch Tom Jones und allen Led-Zeppelin-Mitgliedern bis zu den Rolling Stones (Mick wirkt allerdings etwas dunkel).

Es gibt also noch Hoffnungshaarträger!

15 Die Frau von gestern – Spurenbeseitigung

»Ich glaube, du würdest jünger aussehen, wenn du dir die Haare etwas tönen würdest«, sagte mir jemand auf dem sechzigsten Geburtstag einer gemeinsamen Freundin. Schon war eine große Gruppe von Frauen wieder bei diesem Thema hängen geblieben. Ich bin ganz und gar nicht dieser Meinung, dachte aber kurz über das viel wichtigere Thema nach: Will ich um jeden Preis »jünger« aussehen? Was heißt das eigentlich? Jünger als wer oder was? Als ich bin? Was ist mein »richtiges« Aussehen mit 65? Ich will gut aussehen, attraktiv, lebendig, schick, originell – aber jung?

Für mich liegen Komfort und eine gewisse Klarheit in der Tatsache, dass ich graue Haare habe und das akzeptiere. Das sind die Wahrheit und die Realität. Warum sollte ich mich dem nicht stellen? Ich stelle mich doch auch anderen Realitäten. Aber genau das ist wohl der Punkt – den ich auch gut verstehe. Gerade weil man sich den Realitäten, die potenziell niederschmetternd sind wie Alter, Verlust, Tod, tatsächlich stellen muss, könnte man doch in den Bereichen, die man noch ein klein wenig in der Hand hat, eingreifen. Etwa durchs Haarefärben.

Aber hier fängt das Problem an. Viele von uns bleiben in einer Zeitkapsel stecken und wollen so bleiben, wie sie in dem Moment waren, als das Leben so perfekt schien. Meistens liegt dieser Moment irgendwo in der »Lebensmitte« und einem Alter, als wir uns rückblickend am schönsten, glücklichsten, erfolgreichsten und rundherum besten fühlten. Wir hatten das richtige Alter, den richtigen Partner, den richtigen Job, den ersehnten Lifestyle, wundervolle Freunde, aufregenden Sex, Energie, Leidenschaft, Wagemut. Besser würde es nie mehr sein. Dass der heutige Rückblick vielleicht verzerrt sein könnte, spielt keine Rolle.

Nostalgie ist etwas so Verführerisches, sanft Einlullendes, sie arbeitet wie ein Weichzeichner und wirkt wie Valium, wunderbar betäubend. Am schwersten mit der Akzeptanz einer »neuen«, wenn auch authentischeren Person haben es diejenigen, die am vehementesten an ihrem starren Image kleben, also weder flexibel sind noch Veränderungen als etwas Spannendes und Bereicherndes sehen.

Und irgendwann klopft dann die Realität mit der ihr bekannten Brutalität an. Für Buchautorin Anne Kreamer kam der ziemlich schockierende Augenblick der Wahrheit, als sie bei einer Freundin Fotos von einer gemeinsamen Ferienreise anguckte. Als sie sich auf den Fotos sah, nahm sie eine »konfuse, mittelalte Frau mit einem viel zu dunkel gefärbten Helm von Haaren« wahr. Das war der Anfang des Zweifels, den sie dieses Mal nicht wieder mit dem Nachfärben des grauen Haaransatzes wegwischte.

Meiner amerikanischen Freundin Rosa, ehemals dunkel und südländisch aussehend und seit Jahrzehnten gefärbt, geht es ebenso. »Eigentlich finde ich nicht, dass ich mich verstecke, aber je mehr ich darüber nachdenke, desto neugieriger werde ich auf mich im ungefärbten Zustand. Werde ich älter aussehen oder nur interessant? Ich habe vor ein paar Jahren zwanzig Kilo abgenommen, und jeder sagte mir, dass ich sehr viel jünger aussehe, was wohl auch stimmt. Vielleicht ist das ja auch so mit grauem Haar … Auch wenn es angsteinflößend ist, nicht zu wissen, was da rauskommt, fange ich an, anders übers Grauwerden zu denken. Irgendwie kann man mit über 55 nicht mehr zurückgehen, und ich möchte mich gern mit einer anderen Art Energie und auch Philosophie nach vorn bewegen. In ein Leben, in dem natürliches Haar erlaubt ist. Und wenn es mir nicht gefällt, dann kann ich es ja wieder färben.«

Unter all meinen Freundinnen, Freunden, Bekannten und Verwandten gibt es keine Person, der ich Farbe empfehlen würde; oder keiner von denjenigen, die bereits färben, hätte ich je Farbe empfohlen. Von den Färberinnen sind es vielleicht fünf Prozent, deren Aussehen davon profitiert. Der Rest würde mit seinem eigenen Haar garantiert besser aussehen. Ich habe noch nie eine grauhaarige Frau oder einen Mann mit einem stilsicheren Outfit und einem charmanten und selbstsicheren Auftreten erlebt, die nicht attraktiv aussahen. Andererseits habe ich unzählige eindeutig gefärbte Frauen getroffen, die weder besonders gut noch interessant aussahen. Dass sie *nicht* grau waren, machte sie nicht einen Deut hübscher oder jünger. Aber damit kann man den Überzeugungsfärberinnen nicht kommen, denn es geht hier nicht um Objektivität, die ist nicht möglich, sondern um Angst und Konventionen, um die Gesellschaft und ihre Frauen und was von ihnen erwartet wird.

Ich habe eine Freundin, 53 Jahre alt, die ich seit Jahrzehnten nur in einer Haarfarbe kenne, Dunkelkastanie nennt man die wohl. Einmal, wir saßen leicht angeschäkert auf ihrer Terrasse, versuchte ich, ihr zu entlocken, ob sie denn in Wirklichkeit grau wäre. Sie hatte es bisher immer bestritten, und auch bei meinen – zugegeben unwürdigen – Schnüffelversuchen in ihrem Badezimmerschrank, wenn ich zur Toilette ging, hatte ich keine verdächtigen Verpackungen und Färbemittel entdecken können.

Sie war ausgesprochen gut gelaunt und sagte nur lachend: »Ich drück auf die Tube, seit ich Studentin bin, meinen ersten Freund hatte und anfing zu rauchen (sie raucht nicht mehr, der ›erste‹ Freund ist natürlich auch längst weg). Meine längste und engste Beziehung ist die mit Poly Color und Co.«

»Und wie siehst du ohne aus?«, wollte ich wissen.

»Keine Ahnung«, prustete sie vor Lachen, »und ich glaube auch nicht, dass ich das je erfahren werde!«

Es war wirklich ein lustiger Abend, aber wenn sie tatsächlich so wenig neugierig auf ihren Originalzustand ist, wie sie sagte, dann bin ich es geworden. Wie unglaublich spannend, wenn man den Mut hat, sich neuen Visionen von der eigenen Person zu stellen. Ich glaube nicht, dass Neugier nur ein angeborener Charakterzug ist, sondern eine Entscheidung – und ein unverzichtbarer Jungbrunnen.

Auch meine Freundin Martina (69) ist eine Langzeittäterin und weiß nicht, wie sie unter dem kräftigen Dunkelrot aussieht. Sie kennt nur ihren weißen Scheitel. Und der reicht ihr. Die Idee, plötzlich eine andere zu sein – nicht wirklich eine andere, denn die ältere weißhaarige Frau ist ja auch sie –, versetzt sie in Panik.

»Das schaffe ich einfach nicht!«, erklärt sie sehr bestimmt zu der Idee, mit dem Färben aufzuhören. Etwas weniger Farbe vielleicht, das könnte man machen.

Genauso sieht es Daniela (61), die nahezu aprikosenfarbenes Haar hat, das die Blicke sicher noch mehr auf sie lenkt als es ihr Grau täte. »Wenigstens benutze ich nur eine Naturtönung«, entschuldigt sie, die eigentlich alles Künstliche und leicht Durchschaubare ablehnt, dieses Täuschungsmanöver. Grau zu werden kommt einfach nicht infrage. »Nur über meine Leiche!«

Stecken geblieben

Das Thema Emanzipation wird ja gern seit über dreißig Jahren wahlweise als tot, nervig, altbacken, peinlich, längst überholt oder gegenstandslos verachtet und verulkt. Doch ist die gefärbte Frau von heute nicht geradezu ein Rückschritt zur Frau von gestern, die sie aber nicht mehr ist? Es ist klar, dass Frauen die Motivation für ihr Färbeprogramm genau umdrehen und dagegen argumentieren. Nein, die Möglichkeit der Verwandlung durch die vielen tollen Haarprodukte – das sei gerade die *Befreiung* von der Tyrannei der permanenten Altersbewertung von Frauen, sagen sie. Wenn ich frischer und jünger aussehen kann, wieso denn nicht? Es geht um Kontrolle. *Ich* – und L'Oréal – bestimme, wie ich aussehe und in welchem Alter ich stecken geblieben sein möchte, »weil ich es mir wert bin«.

Nie war ein Werbeslogan raffinierter und perfider und perfekt auf Frauen ausgerichtet. Wenn es denn der Wahrheit entspräche und Frauen ihren Wert – der scheinbar darin besteht, jünger auszusehen, als sie tatsächlich sind – selbst bestimmen und danach leben dürften. Aber sie geben nur dem Druck »der Gesellschaft« nach und fragen diese anstatt sich selbst: »Wer bin ich?«, gefolgt vom bekannten »Wer oder was *soll* ich sein?«

Ein wichtiger Teil der Emanzipation – auch für Männer – bestünde darin, man selbst sein zu dürfen, gemäß seinem Alter und seiner Erfahrung. Authentisch zu sein ist das höchste Gut und die größtmögliche Entwicklung. Das »Problem« bei grauem Haar ist eben nicht objektiv, wie es *aussieht*, sondern was es *aussagt*. Es geht in Wirklichkeit um Spurenbeseitigung. Das ist eher traurig und gar nicht emanzipatorisch.

Die Philosophie, im Hier und Jetzt zu leben, ist auch in Deutschland sehr beliebt. Wo also bleibt der Mut, sein echtes heutiges Image der Welt anzubieten? Lassen wir doch ruhig die Frau in Grau raus. Die Welt darf sie gern sehen, oder? Was gesucht wird, ist nicht unbedingt die Art Stolz, die wir Pfauen zuschreiben, die herumparadieren, und keiner muss auf die Straße, um für graue Haare zu demonstrieren. Aber Souveränität und Gelassenheit dem eigenen Aussehen gegenüber könnte man erwarten. Viele berühmte Menschen, die seit Langem in der Öffentlichkeit stehen und aus der Unterhaltungsbranche kommen, sind sehr bemüht, ihr gewohntes Image um jeden Preis beizubehalten. Aber im Gegensatz zu ihnen sind wir glücklicherweise keine »Stars«, die für immer in einer Zeitzone und gemäß den Vorstellungen der Fans eingefroren bleiben müssen. Also können wir auch keine wirklichen Enttäuschungen beim Betrachter hervorrufen, wenn wir die Jahre, die in und an uns vorbeiziehen und uns formen, im Spiegelbild entdecken dürfen. Auch Selbstentdeckung ist eben ein Abenteuer, und Veränderungen sind ein Geschenk.

16 Schick, smart und sexy – die Frau mit den grauen Schläfen

Vielleicht muss man es immer wieder sagen: Jede, aber auch jede Frau will gut aussehen, stylish sein und noch ein bisschen begehrt werden. Wer das verneint, lügt. Sein Aussehen zu verbessern, jugendlich und gesund aussehen zu wollen, ist nicht nur legitim, sondern eine phantastische Idee, die man unbedingt verwirklichen sollte. Stil und gutes Aussehen geben Selbstsicherheit und Souveränität, die man gut gebrauchen kann, denn Älterwerden heißt ja, mit Ungerechtigkeiten zu leben. Ältere Männer haben ein Gesicht, Frauen ein Problem, so die Annahme. Aber wer sagt, dass wir uns das gefallen lassen müssen?

Schönheit ist sowieso ein Konzept, eine persönliche Idee oder eine Philosophie – und eben auch eine Entscheidung. Eine wichtige Entscheidung könnte sein, sich selbst zur Frau mit den grauen Schläfen zu machen. Genauso stolz, souverän, distinguiert, lässig und selbstbewusst wie der viel gepriesene grau melierte Mann, der scheinbar von allen hofiert und respektiert wird. Die Ingredienzien für einen gelungenen Cocktail sind ja da: Erfahrung pur, dazu ein Schuss Lebensfreude, ein Spritzer Sexappeal, aufgefüllt mit Intelligenz.

Trotzdem sind manche Frauen nicht sofort von dem Konzept überzeugt. »Man sieht fahl, matt und ausgewaschen aus! Einfach blah«, nörgeln die Grauhaarigen, die nicht grau sein wollen. Ein gutes Argument, denn es stimmt ja. Die einstige Farbe auf dem Kopf (an die man gewöhnt war) oder vielmehr der Kontrast zum Gesicht fehlt. Eines der größten Komplimente bezüglich der Haare lautet ja, »lebendiges« Haar zu haben. Damit ist meistens Natürlichkeit gemeint – Lichter, Reflexe, die verschiedenen Nuancen und Akzente –, die ungefärbtes Haar hat. Besonders reinweiße Haare haben nichts davon mehr übrig, das ist richtig. Sie sind ein heller Helm, den man auf dem Kopf trägt (und der sehr toll aussehen kann). Silbriges, grau meliertes Haar aber sieht immer lebendig aus, auch wenn man es nicht mag, von tot oder langweilig kann nicht die Rede sein. Wenn es dann noch perfekt geschnitten und gestylt ist – und keinen Gelbstich hat (dafür gibt es spezielle Shampoos) –, ist es ziemlich schön.

Die größte Angst der gefärbten Frauen ist, mit grauen Haaren hoffnungslos alt und omahaft auszusehen. Doch diese Angst kann man mit einem neuen Stil- und Schönheitsprogramm erfolgreich in die Flucht schlagen.

»Graues Haar ist doch herrlich! Deshalb muss man nicht alt aussehen! Völliger Quatsch!«, findet Doris (63), deren Mann und Tochter ihre Haare lieben. Wie gut graue Haare aussehen, hat nicht nur eine Menge mit der Frisur, sondern mit dem Hautton und der Augenfarbe zu tun.

Wieso sehen das Frauen denn nicht?, fragt sich Doris. »Wenn ich Frauen in meinem Alter mit gefärbten Haaren sehe, finde ich es immer ziemlich unschmeichelhaft. Ich finde, man sollte die Natur nicht bekämpfen. Man zieht sowieso den Kürzeren.«

Sie trägt ihre schulterlangen silbergrauen Haare offen oder aufgesteckt oder als Pferdeschwanz im Nacken. »Der Kuss des Todes ist eine enge Dauerwelle oder diese gemeißelten Betonfrisuren von Politikerinnen«, kritisiert sie.

Sehr kurz, sehr cool

Das asexuelle, spießige Kurzhaar gibt es natürlich schon ewig. Doch nicht nur Gel, auch Zeitgeist formt neue Frisuren oder bringt alte Stile in neuer Form zurück. Es gibt jetzt eine Kurzhaarfrisur, die nicht nur bei den jungen Hollywoodstars en vogue, sondern auch bei älteren grauhaarigen Frauen sehr beliebt ist und als chic und zeitgemäß durchgeht – und es auch sein kann. Der sogenannte Pixie-Cut, den zum Beispiel die durchweg grauhaarigen Schauspielerinnen Jamie Lee Curtis, Dame Judy Dench, Sängerin Annie Lennox und zwischendurch auch unsere Ina Müller, wunderschön perlgrau mit 47, tragen. Ein starkes Gesicht und kräftige oder eben auch sehr wenig Haare sind eine gute Voraussetzung für diesen Stil, dem, Gott sei Dank, die gewisse Humorlosigkeit, die konventionelle Kurzhaarfrisuren sonst auszeichnet, fehlt.

Neu ist die Frisur nicht. Einst war der Raspelschnitt nur für sehr junge Frauen gedacht – wie etwa die bereits erwähnte amerikanische Schauspielerin Jean Seberg und etwas später, 1967, das Supermodel Twiggy, deren berühmter Bubikopf Millionen Nachahmerinnen fand, unter anderem die Schauspielerin Mia Farrow, die entzückend damit aussah. Gleichzeitig war diese Frisur auch ein Protest gegen die harmlose Niedlichkeit von weiblichen Locken und langweiligen Ballonfrisuren. Knappe Minikleidchen, ein flacher Busen und schmale Hüften waren gerade angesagt – die Zeit der üppigen Sexbomben war vorbei, man wollte androgyn wirken.

Viele Frauen finden kurze und ganz besonders graue Haare aber zu »männlich«, nicht schmeichelhaft genug. Nichts rahmt das Gesicht weich ein, nichts schwingt in typisch weiblicher Art um Hals und Schultern. Doch viele Frauen brauchen das eben im Alter auch nicht mehr, sondern haben vielmehr das sichere Gefühl, dass sie ein Gesicht haben, von dem nichts ablenkt und das gut ohne »Dekoration« auskommt.

»Ich finde das schön, einfach nur ein klares Gesicht zu haben, das wirklich heraussticht. Für mich war kurzes Haar die wirkliche Befreiung nach all den Jahren, in denen ich versuchte, es allen recht zu machen. Lange Haare ziehen das Gesicht irgendwie runter«, findet Designerin Tobi, die ein bisschen wie die Sängerin Joan Baez mit ihren superkurzen Pfeffer-und-Salz-Haaren aussieht und ein breites Gesicht und vor allem kräftiges Haar hat – die beste Voraussetzung für sehr kurzes Haar. Aber auch die Kleidung muss zu diesem Stil passen; schlicht, schmal und sportlich geht am besten. Manche Frauen setzen noch eine maskuline Note obendrauf, tragen Trenchcoats und strenge dunkle Anzüge mit einem weißen Hemd und verbannen alles Neckische, Frivole – was in jedem Fall eine gute Idee ist. Als kleiner Kontrast sehen roter Lippenstift und rot lackierte Nägel besonders gut aus.

Tobi hat das große Glück (oder sind es Disziplin, Yoga und Sport?), noch immer schlank zu sein und in Größe 38 zu passen. Und da liegt natürlich ein Teil des Geheimnisses für attraktives und zeitloses Aussehen. Kleidung und Stil. Während man als jüngere Frau ziemlich alles anziehen konnte, ohne unangenehm aufzufallen, sind jetzt die Experimentierphasen mit der Mode einigermaßen vorbei. Das hat ja auch etwas Positives – wie alle Begrenzungen.

Der Farbknall

Grauhaarig zu sein bedarf allerdings tatsächlich einer Gewöhnung und großer Umstellung, denn Grau braucht von Kopf bis Fuß eine ganz neue Farbpalette und Neugruppierung der Nuancen. Man muss sich seinen neuen Tönen und Farben anpassen und nicht umgekehrt. Wir sind leider nicht in Indien oder anderen Ländern mit der Liebe zu kräftigen (und sonnigen) Farben. Saris werden sich im Rheinland so wenig durchsetzen wie afrikanische Turbane im Hofbräuhaus, und kajalumrandete Augen und Diamanten im Nasenflügel sind eher etwas für Punks und fernöstliche Fans als für hanseatische Hausfrauen oder Bankerinnen.

Trotzdem gibt es hier für alle Grauhaarigen endlich die Chance für klare Primärfarben wie Rot, Schwarz, Grün, Tintenblau, dunkles Pink und das zu Unrecht verhasste Violett – alle diese Farben passen wunderbar zu Silber und Grau. Sie sind sehr effektiv und setzen genau die richtigen Akzente, die mehr Stil haben als alle Kinkerlitzchen, an die man sich mal klammerte. Ganz besonders schwarz ist der Star der Grauhaarigen. Es gibt eine ganz große Fraktion von grauhaarigen Frauen weltweit, für die schwarze Kleidung der Gipfel von Eleganz ist und die nie wieder etwas anderes als Basisfarbe anziehen mögen. Aber das ist Geschmackssache.

Genauso wichtig ist das Make-up, und wie sehr viel im Leben, wenn man älter wird, liegt die Schönheit in der Reduzierung. Man muss immer an den Hautton denken, und der passt eigentlich perfekt zu den echten Haaren. Lippenstift und die Betonung der Augen sind besonders wichtig, wobei es zwei alt machende Gefahrenzonen gibt. Eine ist der verschmierte Kajalstrich auf dem Unterlid. Ich habe lange gebraucht, um herauszufinden, warum so viele Frauen ab 45 dieser Waschbäraugenmode frönen. Endlich klickte es. Auch wenn nach der Drehbuch- und Bestsellerautorin Nora Ephron der Hals der gemeinste Verräter am Körper der Frau war, so sind doch die Augenlider kaum weniger verräterisch. Sie altern natürlich schneller, weil sie kein Fett und keine Polsterung haben, sodass jeder Lidschatten schnell in den Lidfalten verschwindet, dort Streifen hinterlässt und einfach nicht gut aussieht. Das Unterlid hingegen kann man noch gut bemalen, wenn man achtzig ist. Aber nur weil etwas möglich ist, sieht es nicht notgedrungen gut aus. Besser ist Lidschatten, am besten in grau oder beigebraun;

man kann ihn auch weglassen, so muss man sich nicht um die Lidfalten sorgen. Die Wimpern sollten aber unbedingt getuscht werden.

Der andere Feind ist der zu dunkle, auberginenfarbene »Grufti«-Look auf den Lippen, der aussieht, als wären wir Draculas Mutter! Am schönsten sind ein klares Rot, ein zartes Braun oder ein kräftiges Rosa, alles bitte ohne sichtbaren Konturenstift!

Kostümprobe

Karen (56), eine (grauhaarige) Architektin, erinnert sich an ihre dunkel gefärbten Tage und ihre Kleidung, die nichts Besonderes war: »Mir war Mode fast egal. Diese natürliche Eleganz, bei der eine Frau anziehen kann, was sie will, und immer individuell und schick aussieht, habe ich nicht. Aber es ist eine wirklich gute Idee, sich in diese Richtung zu bewegen, finde ich. Es ist einfach eine andere und neue Art der Akzeptanz, deren Herzstück ist, dass man sich in seiner eigenen Wahrnehmung mehr an die reife Frau als an das Mädchen gewöhnen muss.«

Aber das gefällt nicht allen Frauen. Manche haben weder die Bereitschaft noch das Geld für einen neuen Look.

Margit (52), die freiberuflich arbeitet und eigentlich seit dreißig Jahren so ziemlich dasselbe trägt –

inklusive der dunkelbraunen Haare –, gibt zu: »Mir ist schon klar, dass ich eine ganze Menge Farben und vielleicht auch Kleidungsstücke aufgeben muss, wenn ich grau wäre, weil die dann nicht mehr so schmeichelhaft wären. Ich habe einfach noch keine Lust, mir eine ganz neue und andere Garderobe zuzulegen. Irgendwann werde ich zu meinem Grau stehen und mich dann der Umstellung von Farben und Stil widmen, damit das alles besser passt.«

Stilschule

Ja, der Stil, das ist keine einfache Sache für viele.

Wie oft muss man im Leben seinen »Look« ändern? Nie wirklich, finden einige, alle zehn bis fünfzehn Jahre sagen andere.

Man soll sich auch hier eigentlich nach niemandem richten außer nach seiner Figur, dem Hautton und der Augenfarbe. Wir sollten nicht vergessen, was für körperfeindliche Kreationen und hässlichen Blödsinn der Großteil der Designer, Stylisten und »Fachleute« aus der Branche allen Ernstes für *alle* Frauen vorschlägt, egal welches Alter diese haben. Am besten, man geht das Ganze als ein wunderbares Abenteuer an mit vielen Entdeckungen und stürzt sich mit Enthusiasmus hinein. In jeder Veränderung steckt doch auch eine spannende Herausforderung. Sich neu zu stylen und zu erfinden ist doch fantastisch! Absolut alles kann neu betrachtet und geändert werden: Farben, Formen, Haarschnitt, Kleiderstil, Accessoires, Stoffe, Handtaschen und Schuhe. Als Extrabonus werden auch noch die Schränke leerer, denn gleichzeitig heißt es auch Abschied nehmen von lieb gewordenen, aber nicht unbedingt kleidsamen Gewohnheiten.

Das ist besonders schwer, wenn man sich von seiner typischen »Uniform« trennen soll (etwa von lustigen Blümchenkleidern, Jeans und T-Shirt oder einem Pagenkopf), die einen seit ewigen Zeiten durch dick und dünn begleitet hat und die man mit ins Grab zu nehmen dachte. Aber die Zeit marschiert voran, und Hippieröcke, schlechte Dauerwellen, Discoglitz und Ponchos mögen einmal ihre (zweifelhafte) Berechtigung gehabt haben. Doch jetzt ist die Zeit, sich radikal davon zu trennen. Runter auch mit Zierschleifen und Raffungen, Baby-Doll-Hängerchen und so was Unaussprechlichem wie Jeggings, einer Kreuzung aus Jeans und Leggings.

Das heißt auch zu akzeptieren, dass wir keine kleinen Mädchen, keine Sexbomben, Girlies oder Teenies sind. Wir sind erwachsene Frauen. Aber eben nicht zu erwachsen. Die größte Gefahr geht von Spießigkeit aus. Da muss man höllisch aufpassen. Also ebenso weg mit Mutti-Pastellfarben (rosa, apricot, gelb, türkis, senffarben, hellblau), die nur

Queen Elizabeth stehen. Weg auch mit Omis praktischen »gemütlichen« Wolljacken, marineblauen Jacketts, zu braven weißen Blusen und dem beigefarbenen Freizeitoutfit, der wie das offizielle Wahrzeichen von Rentnershausen aussieht.

Alles in allem soll hier keineswegs für einen Einheitslook plädiert werden. Im Gegenteil. Wir haben zu viele Facetten und sind zu komplexe Persönlichkeiten, um nur in einem Stil aufzutreten. Perfektion ist immer eher langweilig. Genauso wie ein durchgestyltes Outfit von nur einem Designer, bei dem alles aufeinander abgestimmt ist. Es ist oft viel origineller und spannender, verschiedene Elemente und Outfits zu mixen.

Schicke schräge Vögel

Das Beste ist, man sieht sich als Individualistin, die sich gern eine ganz neue, manchmal schräge, aber auch künstlerische oder exzentrische Note geben darf. Gerade weil die Jahre der Anpassung der oft vom Beruf eingegrenzten Kleidung endlich vorbei sind, muss auf niemand mehr Rücksicht genommen werden. Von diesen unerschrockenen Frauen, die sich ganz einfach die Freiheit nehmen (endlich!), sich mit Witz und Farbigkeit auszudrücken, gibt es immer mehr. Leider noch nicht genug in

Deutschland, aber ein Blick nach New York, wo Fantasie und Humor mit Beifall belohnt werden, offenbart die Selbstverständlichkeit, mit der sich ältere Frauen dort zeigen. Ist es Zufall, dass sie fast alle grauhaarig sind? Von den vielen Verrückten mal abgesehen, die das Grau mit hellroten, rosa und grünen Punkfarben verzieren.

Gerade weil diese Seniorinnen im Alter zwischen zirka 65 und 95 so liebenswert und originell sind, hat ein inzwischen berühmter Blogger kleine Legenden aus ihnen gemacht. Ari Seth Cohen, ein 29-jähriger New Yorker, der sehr brav und klug mit seiner schwarz umrandeten Brille aussieht, stellt sie auf seinem phantastischen Mode Blog »Advanced Style« (http://advancedstyle.blogspot.com/) vor. Er rast täglich auf New Yorks Straßen herum und stoppt bei jeder interessanten älteren Frau, um ein Foto zu machen. Es gibt blasse, uralte Ladies mit Perlen und Handschuhen, wilde »Weimarer« Typen mit dunkelroten Nägeln und Lippen und grauem Herrenschnitt, elegante Frauen im Hosenanzug so wie die alte Katharine Hepburn. Viele tragen die wildesten Brillen, Mützen, Kappen und Hüte, die spitz, rund, hoch oder flach, mit Federn und ohne sind. Es gibt schlichte schwarze Jacken, bunt bestickte Fantasiemäntel und Hosen in allen Farben von rot bis lila, gemusterte Leggings, Netzstrümpfe, kurze Lacklederboots, Nerzstolen und Schmuck, viel Schmuck; dekorative Ketten, antike Bakelitarmreifen und Ohrclips, riesige Anstecknadeln, Strickkleider im Leopardenmuster, wunderbare alte und neue Taschen. Dazu lässt Ari Seth Cohen sie ein paar Modetipps und ziemlich viele sehr charmante und echte Perlen der Weisheit erzählen – und sich auch gern mit ihnen fotografieren.

Auffallend ist an dieser farbenfrohen Galerie, dass alle Frauen offenbar viel Spaß am Anziehen haben und ansteckende Lebensfreude ausstrahlen – und dass ihnen schnurzpiepegal ist, was andere Leute sagen und wie andere Frauen in dem Alter aussehen. Wer im Alter sein eigenes Gesicht und zumindest annähernd seine Silhouette behält und eine Persönlichkeit hat, kann sich sportlich, elegant, aber auch trendy und moderat jugendlich anziehen, ohne dass entgeisterte Blicke folgen. Und natürlich kann man auch mal das Haar für farbige Akzente benutzen, so wie eine 69-jährige Bekannte, die nicht vor lila Haaren zurückschreckt. Bei ihren kurzen Haaren sieht das witzig aus, irgendwie einzigartig und keineswegs, als wolle sie verzweifelt das Grau verdecken, sondern eher, als würde sie mit ihrem Image spielen.

17 Wie sich die Töne gleichen

Am häufigsten begründen Frauen, warum sie ihre Haare färben, damit, dass sie Angst haben, »unsichtbar« zu werden. Dabei muss man nur mal genau hingucken an Orten, wo sich Menschen sammeln: Grau sticht im Gegenteil aus der Menge heraus, denn besonders silbergraue und weiße Haaren haben etwas Helles, Auffallendes und leuchten geradezu. Es geht also nicht um tatsächliche Unsichtbarkeit, sondern um die »Unsichtbarkeit als Sexualobjekt«, die erstaunlicherweise immer noch gefürchtet wird, auch wenn man die Fünfzig überschritten hat.

Eingefärbt wird dann die Hoffnung genährt, dass man so eher der weniger auffallenden Generation von vierzig plus zugehört und keiner den Schwindel merkt. Doch Färben ist leider nicht die Lösung, denn die ungefärbte Wahrheit ist: Neunzig Prozent aller gefärbten Haare (wenn die Originalhaarfarbe grau oder weiß ist) sieht man die falsche Farbe an, weil sie nicht natürlich aussieht. Allein aus dem Grund möchte ich behaupten, dass im Schnitt ungefärbte grauhaarige Menschen besser aussehen als gefärbte.

Dabei ist es viel einfacher, mit grauen Haaren eine gewisse Individualität zu zeigen als mit gefärbten. Gerade weil unsere Züge im Alter weicher und weniger elastisch werden (weshalb ja auch einiges hängt), sehen sehr dunkel gefärbte Haare hart und besonders unnatürlich aus. Das sieht man schon daran, wie wenig das Färben das gesamte Aussehen verbessert hat. Anstatt des sehnlichst erwünschten Effektes, nämlich jünger auszusehen, ist das genaue Gegenteil der Fall.

Dunkle Haare machen eher älter, nicht jünger. Färben ist schlecht für das Haar. Die Aufmerksamkeit, die gefärbtes Haar auf sich zieht, hat eher einen negativen Beigeschmack. Während Menschen mit hübschen grauen Haaren angenehm auffallen und Komplimente bekommen, so gibt es ganz wenige Gefärbte, die Begeisterung für ihre offensichtlich gefärbten Haare hervorrufen. Denn eigentlich funktionieren alle äußerlichen Tricks, die der sogenannten Verschönerung dienen sollen – vom falschen Busen und verkürzten Näschen bis zu Pianozähnen –, nach diesem altbekannten Prinzip: Wenn man's sofort merkt, ist es schlecht gemacht.

Aber die größte Ironie ist eben, dass die Flucht in eine andere Welt mittels neuer Haarfarbe, weil man nicht wie alle anderen Grauen aussehen will, eine andere Art des Gleichaussehens kreiert, nämlich das der auffallend Gefärbten. Warum nur unterwirft man sich dem künstlichen Farbdiktat, das im Resultat eine komplette Gleichmacherei bedeutet? Das ist dann ja auch nicht anders, als lediglich einen Club zu wechseln.

Public Viewing – Farbe auf allen Kanälen

Ich habe eine Woche lang ferngesehen und mir unter dem Aspekt der Haarfarbe unsere Männer und Frauen angeschaut, die uns in Nachrichten, Diskussionen, Talkshows, Talentwettbewerben und Wetterberichten begegnen. Wenn man erst mal die »Bewusstseinsbrille« für die Welt der Färber aufgesetzt hat, dann entgehen einem die Nuancen der künstlichen Farbpalette auf den Köpfen der Mitmenschen nicht mehr. Plötzlich kann sich keine Färbung oder Tönung, sei sie noch so geschickt aufgetragen, vor dem kritischen und geschärften Auge des Betrachters verstecken – vom zarten Tönungsschimmer und Strähnen bis zum satten Torfbraun, das fast mehr Aufmerksamkeit erregt, als es irgendein Grau oder Silber je erzeugen kann.

Fangen wir mit der Eröffnung der Berlinale 2011 an und lassen ein paar Stars an uns vorbeidefilieren. Isabella Rossellini, eine bezaubernde und witzige Ikone und Filmschaffende, Tochter von Roberto Rossellini und Ingrid Bergman und eines der ersten Supermodels über vierzig, trägt seit Jahren kurze Haare, die stark dunkel gefärbt sind. Genauso wie die von Iris Berben, einem der Werbegesichter für L'Oréal, das ja bekanntermaßen dem grauen Haar die Hölle heißmacht. Senta Berger, eine schöne reife Frau von 71, leicht rötlich eingefärbt. Gudrun Landgrebe, Barbara Auer und Martina Gedeck: alle dunkel eingefärbt. Doris Dörrie, Regisseurin mit unkonventionellen Ideen, trägt ihr Markenzeichen, eine Meckifrisur, graublond. Genauso wie Günter Netzers Frau, das schöne Exmodel Elvira (er selbst ist gefärbt). Die phantastischen amerikanischen Coen-Brüder, geniale Produzenten und Regisseure und dazu schwarzhumorige New Yorker, sind bei der Farbe geblieben, beide sind auffällig dunkel und nicht sehr geschickt gefärbt – an Kopf und Bart. Ihr größter Star, Jeff Bridges, ist selbstverständlich elegant grau meliert – genauso wie unser Wim Wenders. Beide Männer haben übrigens mit das beste und dickste Haar im internationalen Showbusiness. Jeremy Irons, der schmale Brite mit den scharfen Gesichtszügen, ist sehr schön grau meliert. Dieter Moor, der Moderator von *Titel, Thesen, Temperamente* mit dem Nussknackerkopf, absolut grau, genauso wie Berlinale-Chef und Frohnatur Dieter Kosslik.

Kurz gesagt, wer angenehm auffiel, waren die Grauhaarigen.

Ein paar Tage später betrachte ich all die Talkshow-Ladies, die, soweit sie dunkelhaarig sind, mehr oder wenig kräftige Farbe auf dem Kopf haben – von Anne Will, Maybrit Illner und Sandra Maischberger bis zu Bettina Böttinger und Birgit Schrowange. In irgendeiner »seriösen« Talkshow, an der zwei Männer und drei Frauen plus Moderatorin teilnahmen und in der das Durchschnittsalter bei Mitte fünfzig lag, hatten alle ungefähr die gleiche Haarfarbe: das seltsame Kunstbraun (manche mit Rotton) – und sahen furchtbar aus.

Ein kleiner Test: Was denken wir wirklich, wenn wir eine offensichtlich stark gefärbte Person sehen? Zwar gibt es immer die, die »so was« gar nicht sehen. Das stimmt. Es gibt auch Menschen, die nicht bemerken, wenn ein enger Freund, der sein Leben lang einen Bart getragen hat, plötzlich glatt rasiert daherkommt oder wenn die Ehefrau plötzlich zwei Nasen hätte oder im Minnie-Maus-Kostüm daherkäme. Also Menschen, die nicht richtig gucken können. Es gibt auch viele, die gern Indifferenz oder großzügige Toleranz signalisieren mit dem Satz: »Das soll jeder machen, wie er will, mir ist das egal.«

Trotzdem setzen gefärbte Haare beim aufmerksamen Beobachter häufig eine Gedankenfolge in Gang, die mit der Feststellung anfängt, dass da offenbar jemand grau ist und es um jeden Preis überdecken will. Also eine unsichere Person, die mit dem Alter hadert. Ist der Beobachter in derselben Altersgruppe und auch gefärbt, denkt er vielleicht: »Ob ich wohl auch so aussehe? Das wäre ja schrecklich!« Irgendwann in dem Gedankengang kommt man dann auch zu der Überlegung, wieso es eigentlich keine natürlich aussehenden Farben gibt, die die Färberei nicht so offenkundig machen. Und letztendlich setzt sich die Überzeugung durch, dass die oder der wahrscheinlich besser mit natürlichem Haar aussehen würde.

Stoppt ihn!

Oft wundert man sich auch: »Sehen die das nicht selber? Oder warum kann ihnen das nicht mal jemand in einem intimen Moment sagen?« Ich male mir immer Gespräche unter vier Augen mit den Freundinnen, Ehefrauen oder der Familie der Färber aus, die eventuell so stattgefunden haben könnten. Entweder kommt die Frau auf die Idee und rät ihrem Mann: »Schatz, ich glaube, du würdest einfach jünger aussehen mit deiner alten Jugendhaarfarbe.« Oder aber er hat das Färben entdeckt und besteht darauf, während seine Frau das an ihm scheußlich findet. Oder es gibt die Möglichkeit, dass ihm im Grunde die grauen Haare lieber wären, aber sie – seine bedeutend jüngere Frau – keinen »alten« Mann an ihrer Seite haben möchte.

Sagte Maria Shriver etwa zu Arnold Schwarzenegger, dem sehr beliebten Exgouverneur von Kalifornien (66), von dem sie geschieden ist: »So rotbraun wie Smokey (das ist der Bär, der vor Waldbränden warnt) gehst du mir nicht aus dem Haus.« Oder vereinbarte sie seit Jahren für ihn einen Termin beim Friseur mit den Worten: »So grau kannst du in Los Angeles nicht rumlaufen!«

Frauen sind zwar kritisch, wollen aber auch, dass ihre erfolgreichen Männer, Brüder und Väter dynamisch und jugendlich aussehen. Vielleicht kommen sie auch einfach nicht gegen Papis an. Ich stelle mir folgendes Telefongespräch zwischen Stella McCartney, der bekannten britischen Designern, und ihrem Vater Paul McCartney vor.

»Daddy, ich wollte mal mit dir über etwas Ernstes sprechen!«

»Stella, Sweetheart, bitte nichts über meinen neuesten Song sagen …«

»Nein, es geht um dein Haar …«

»Um mein Haar? Ich finde es schön so, du nicht?«

»Es sieht lächerlich aus so dunkel. Du weißt, ich liebe dich über alles, aber …«

»Wieso? Man sieht es doch nicht.«

»Du würdest so toll in Grau aussehen!«

»Du meinst so zauselig und alt wie Bob Dylan? Nein danke!«

»Dann lass dir doch einen Bürstenschnitt machen.«

»Ein Beatle mit kurzem Haar? Nein!«

»Ringo hat ganz kurze und sieht toll aus ungefärbt – und ist älter als du.«

»Stella, das Thema ist erledigt. Ich sage dir auch nicht, wie du Hosen zuschneiden sollst!«

Legt auf.

Jeder soll färben, wenn er gern Mitglied in dem Färbeclub sein möchte. Doch es bleibt dabei: Grau hat so einen ganz eigenen Schick, der von keiner anderen Haarfarbe getragen werden kann. Eine offensichtlich stark gefärbte Frau kann nie zu einer vollkommenen Eleganz kommen, weil sie sich die ehrlich erworbene Patina radikal überfärbt hat. Der beliebte Vergleich mit dem guten alten Wein und dem reifen Käse, der immer benutzt wird, um in sanften, strahlenden Farben das vermeintlich grandiose Alter zu beschreiben, ist nicht so ganz überzeugend. Mir wäre der Vergleich mit antiken Schmuckstücken lieber, die eine Geschichte haben, die matt, aber intensiv leuchten und nicht neu und grell flimmern wie falsche Brillanten. Alt mit einem Hauch edler Patina – was ist daran falsch?

18 Silberfüchse der Weltklasse

Natürlich wird es mit der Zeit langweilig, sich immer auf die Riege der berühmten grauen Vorzeigefrauen – und auch -männer – zu berufen, denn es gibt ja auch im täglichen Leben genügend davon. Überall auf der Welt. Geht man nach Indien, sieht man die schönsten grauhaarigen Frauen ebenso wie in Japan, China, Italien, Spanien, Deutschland, Frankreich. Überall trägt der selbstbewusste, reife Frauentyp nicht nur Falten und große Nasen stolz und souverän zur Schau, sondern auch grau meliertes Haar. Es wäre deshalb ganz angebracht, es eben nicht als sensationelles, unglaubliches Wunder darzustellen, dass graues Haar – und damit ein gewisses Alter – schön und interessant aussieht. Es zeigt vielmehr eine globale Realität.

Die Unterhaltungsindustrie mag von ausschweifenden Typen und verwöhnten und exzentrischen Künstlern bevölkert sein, deren vermeintliche Freiheit von vielen insgeheim bewundert wird. Doch es ist bedrückend, dass gerade dort, wo es sich Menschen leisten könnten, sich nicht sklavisch an bestimmte Rollen anzupassen, der Jugendwahn besonders bizarre Formen annimmt. Graue Haare haben auch immer etwas mit Erwachsensein zu tun, zumindest erwartet man von grauhaarigen Menschen eine gewisse Reife. Für manche aber ist diese Kombination einfach zu viel. Erwachsen *und* grau zu werden ist besonders hart, wenn man als jugendlicher Wildfang, Popidol oder Sexikone – selbst ernannt oder offiziell anerkannt – bereits seit geraumer Zeit durch die Öffentlichkeit turnt und wie unter einer vergrößernden Glasglocke lebt. Manche Promifrauen haben ein ganz besonderes Problem damit. Es wäre schön, wenn zum Beispiel Madonna einfach auf ihr gelbes Haar verzichten und alle Kleidung, die Schleifen vor der Brust zieren und schwarze Chiffonärmel hat, meiden würde.

Britischer Mut

Im Angesicht solcher Verzweiflung könnte man die Handvoll Stars aus Film und Musik, die es wagen, ihr Silberhaar stolz zu präsentieren und es auch oft zu ihrem Markenzeichen machen, wirklich preisen. Auffallend ist, dass die Frauen einer Nation scheinbar kaum Probleme mit Naturhaar haben, und zwar die Engländerinnen.

Allen voran die Queen und ihre Schwiegertochter Camilla, gefolgt von der unvergleichlichen Helen Mirren (67), offiziell Pensionärin, die auch sonst (bis auf eine aufgeplusterte Oberlippe) einigermaßen »echt« aussieht. Dass ihr seit Jahren auch das Prädikat »sexy« verliehen wird, ist umso erstaunlicher. Sie selbst sagt übrigens: »Warum, verdammt noch mal, muss man mit 66 sexy sein? Ist es nicht wichtiger, dass man gesund und glücklich ist und das tut, was man möchte« – oder so ähnlich. Und ich hätte es nicht besser sagen können.

Ein wirklich schönes Beispiel ist die britische Schauspielerin Vanessa Redgrave (76), die ihre silbernen Haare mit großer Eleganz lang oder aufgesteckt trägt, wenn sie ihr nicht wegen einer Rolle gekürzt werden. Sie hat ein so markantes, ausdrucksstarkes Gesicht, dass allein die Idee, sie könne sich die Haare dunkel färben, völlig absurd erscheint. Auch Julie Christie, die kürzlich in der Rolle als Alzheimer-Patientin berührte und beeindruckte, trägt Natur. Genau wie Emma Thompson und Ex-Supermodel Twiggy – und natürlich Dame Judy Dench. Eine kleine »Enttäuschung«, wenn ich das mal so provozierend sagen darf, ist die Schauspielerin Charlotte Rampling. Die 66-jährige Britin mit Ikonenstatus, die es alles in allem zu einer beeindruckenden

Zahl ambitionierter, anspruchsvoller Filme gebracht hat, tritt seit einiger Zeit mit braun-rötlich gefärbten Haaren (mit grauem Haaransatz) auf. Hoffen wir, dass das Färben mit einer Rolle zu tun hatte, und vielleicht besinnt sie sich eines Besseren und begeistert schon demnächst mit entweder ihrem natürlichen graubraunen oder zumindest professionell getöntem Haar.

Amerikanerinnen – das wissen wir inzwischen – sind weltweit die unbekümmertsten Färberinnen. Da wundert es nicht, dass nur einige wenige amerikanische Stars Mut zur Natur haben. Die oft erwähnte Jamie Lee Curtis ist grau, genauso wie Diane Keaton, Glenn Close und sogar die glamouröse Sharon Stone – alle über fünfzig und sechzig. Jane Fonda wiederum, 73 Jahre alt, hat ihr kurzes Haar sorgsam bräunlich gefärbt, was gut bei ihr aussieht. Die einst wunderschöne Catherine Deneuve (69), keine Amerikanerin, hat verfärbtes gelbes Haar und ein von kosmetischen Operationen verfremdetes Gesicht. Meryl Streep (61), der man eigentlich auch Naturhaar zutrauen würde, wenn man bedenkt, dass sie praktisch der einzige Star in dem Alter ist, der noch sein eigenes Gesicht hat, ist wenigstens nur leicht blondiert. Vielleicht überrascht sie uns bald mit silbernen Fäden.

Deutsche Damen färben

Leider fallen mir bei den bekannten deutschen Schauspielerinnen keine schicken, sexy, silberhaarigen Seniorinnen ein, auch wenn Christiane Hörbiger, Sabine Postel und Jutta Speidel nur leicht getönt aussehen (wohl auch, weil sie Blondinen sind). Hannelore Elsner (70), eine großartig aussehende, charmante Frau mit großer erotischer Ausstrahlung – vom großen Talent einmal ganz abgesehen –, wäre sicherlich grau. Natürlich verlangt keiner, dass sie gefälligst »natürlich« auszusehen hat, das wäre ja eine verrückte Forderung bei Künstlern, aber würde vielleicht sie selbst nicht gern mal ihren stark gefärbten Haaren eine Pause gönnen und die Frau dahinter neu entdecken?

Iris Berben (61), edel dunkelbraun gefärbt, ist so charmant wie ehrlich und gestand: »Ich bin total grau, hätte auch Lust, das mal alles rauswachsen zu lassen – aber das machen die Fans nicht mit.«

Warum? Was wollen die Fans? Die immergleiche Präsenz, die Sicherheit gibt und etwas Verlässliches vorgaukelt, das sich niemals ändern wird?

Um es noch einmal zu sagen: Niemand, keine Privatperson und auch keine Berühmtheit, *schuldet* uns irgendeine Haarfarbe oder die Akzeptanz eines Schönheitsideals nach unseren Vorstellungen. Aber ist es nicht viel schöner zu sehen, dass eine Berühmtheit, die der gleichen Generation wie wir angehört, vor unseren Augen mit uns gealtert ist?

Zufall – oder sind sie nur ihren eher rebellischen Wurzeln der Sechziger- und Siebzigerjahre treu geblieben? Genau wie ihre männlichen Kollegen tendieren die legendären Rock- und Folkfrauen – alle über sechzig – zur Natur, wie etwa die weißhaarige Country-, Folk- und Rock-Sängerin Emmylou Harris. Die Sängerinnen und Ikonen Joni Mitchell, die bereits erwähnten Joan Baez und Annie Lennox sind herrlich silbergrau. Genauso wie Debbie Harry (67) von der Kultband Blondie, die allerdings kurz mit hellroten oder dunklen Strähnen experimentierte. Auch in der Modewelt ist offenbar mehr Authentizität erlaubt. Designerinnen müssen ja nicht wie junge Models aussehen. Miuccia Prada (64) ist eine recht hausbacken aussehende Designerin, die ihr graues Haar mit großer Lässigkeit trägt. Vielleicht hat ihr Selbstbewusstsein damit zu tun, dass sie Feministin ist, ehemals Kommunistin war und einen Doktor in Politischen Wissenschaften gemacht hat?

Auch Gabriele Strehle von der Erfolgsfirma Strenesse ist selbstbewusst, elegant und grau, genauso wie Jil Sander. Und auch grauhaarige internationale Models gibt es inzwischen genug – allen voran die 81-jährige Amerikanerin Carmen Dell'Orefice, mit der unser eigenes Hamburger Model, Eveline Hall, mit 66 Jahren locker mithalten kann.

Der sportliche Geist ist grau

Und es gibt wohl auch einen Zusammenhang zwischen Intellekt und mangelndem Jugendwahn. Frauen mit akademischen Berufen, all die Physikerinnen, Mathematikerinnen, Archäologinnen, Philosophinnen, Psychologinnen und Forscherinnen, tendieren zum grauen, ungefärbten Haar. Fast immer, wenn man eine kluge, interessante ältere Frau auf Fotos oder im Fernsehen sieht und hört, hat sie ungefärbtes Haar. Kann sich irgendjemand die bewundernswerte britische Schimpansenforscherin Jane Goodall (77) anders als mit ihren langen weißen Haaren vorstellen oder die kürzlich verstorbene Psychoanalytikerin Margarete Mitscherlich ohne ihren stahlgrauen Helm oder Umweltaktivistin Barbara Rütting ohne ihren weißen Pagenkopf?

Doch nicht nur intellektuelle, sondern auch sportliche Frauen, die reiten, laufen und schwimmen – wenn man so will, also zu ihrem Körper ein gewisses natürliches Verhältnis haben –, scheinen immun gegen den Färbebazillus zu sein. Das hat wahrscheinlich nicht nur mit der Ablehnung der irgendwie nicht ins Gesamtbild und auch nicht in die Lebensphilosophie passenden Farbe zu tun, sondern hat einfach einen praktischen Grund.

Christiane ist eine 57-jährige Ärztin, die für eine kurze Zeit ihr langes, graues Haar etwas dunkler färbte, aber dann einfach ihren Lebensstil ihr Äußeres bestimmen ließ und nicht mehr umgekehrt: »Für mich ist das schlagendste Argument für natürliches Haar, dass ich leidenschaftliche Schwimmerin bin. Ich habe sehr viel Zeit im Süden verbracht und bin in salzigen Meeren geschwommen. Sonne und Salz sind für gefärbte Haare das reine Gift. Ich habe so viele verschiedene rot- und gelbstichige Haarfarben durch das Baden gekriegt, dass das allein ein Grund wäre, mit der Färberei aufzuhören! Natürlich grau zu sein war eine solche herrliche Befreiung von dem Terror. Es war toll, einfach nur schwimmen zu können, ohne sich um die gefärbten Haare kümmern zu müssen.«

Zu diesem Thema erzählte mir eine Bekannte eine interessante Beobachtung, die mir sehr einleuchtend scheint: »Gefärbte Frauen sind nicht nur notgedrungen mehr mit ihrem Aussehen beschäftigt als ungefärbte. Sie sind auch immer besorgt, so als müssten sie ein Bild von sich kontrollieren. Deshalb sind sie oft zurückhaltend, wenn es um Natur, Spaß und Sport und all diese Dinge geht.«

Das stimmt insoweit auch mit meinen Beobachtungen überein und erinnert mich an eine gefärbte

Freundin, die in ihrem Swimmingpool immer mit diesem gereckten Hals der Frauen umherschwimmt, die um keinen Preis Wasser an ihre Haare lassen mögen. Ich glaube, das Schlimmste für sie wäre, wenn man sie aus Spaß ein wenig untertauchen würde!

19 Der graue Star – Jugend kopiert

Ab und zu gibt es Situationen, die man als reifer Mensch mit einem wissenden Lächeln und einem winzigen Triumphgefühl betrachten kann. Ja, auch junge Menschen gucken manchmal von den Alten ab oder lassen sich zumindest inspirieren, wenn es auch nur für eine Saison ist. Die Kriegs- und Nachkriegsgeneration ist bezüglich Mode und Stil sicherlich die am meisten kopierte Generation überhaupt, denn sie hat seit den Fünfzigerjahren immer wieder Trends neu erfunden oder einfallsreich kopiert und dadurch massenhaft das kollektive Stilbewusstsein geprägt.

Und so gab es vor nicht langer Zeit einen interessanten Trend auf den Laufstegen und bei den hippen, stilbewussten jungen Frauen der internationalen Film- und Jetset-Szene. Models und junge Frauen hatten plötzlich grausilbern gefärbtes Haar, das sie so selbstverständlich trugen, als wären sie schon immer Oma gewesen. Vielleicht ist dies eine Hommage an die Babyboomer generell und vielleicht sogar die Suche der Söhne und Töchter nach Nähe und Identifikation mit elterlicher oder großelterlicher Weisheit und Erfahrung, die bei ihnen noch Lichtjahre entfernt ist. Jedenfalls ließ es sich selbst Lady Gaga – die ja täglich Trends hinterherjagt und demnächst feststellen wird, dass sie alle bereits benutzt hat und nun keiner mehr übrig ist – nicht nehmen, mit sehr langem, hellgrauem Kunsthaar aufzutauchen. Nun ist es keine Kunst, wenn man als 25-Jährige mit silbernen Haaren auffallen möchte. Jungen Frauen, die mit dem Älterwerden spielen und sich selbst schon mal vorab als eigene Zukunftsvision präsentieren, kann auch eine Omafrisur nichts anhaben. Bei einem jugendlichen Gesicht fällt Grau schon durch den Effekt der Irritation (so jung, so grau?) besonders auf und kann sehr cool aussehen. Im wahrsten Sinne, denn alle Silber-, Blau- und Platintöne wirken ruhig und edel im Gegensatz zum grellen Messing und Gold.

Wer nimmt nun aber wen auf die Schippe? Soziologen und Trendforscher zerbrechen sich den Kopf, ob es sich beim jugendlichen Griff zur grauen Farbpackung um eine liebevolle Persiflage oder mehr ein Karikieren handelt, ob die jungen Leute eher die eigenen jugendlichen Eltern verspotten wollen, die über den Schmerz wegen des Pigmentverlusts auf dem Kopf nicht hinwegkommen. Die Münchner Trendbeobachterin Cornelia Langwieser meint: »Das ist eine Persiflage, aber eine ganz lieb gemeinte.« Trendforscher Peter Wippermann sieht den jugendlichen Graukopf als modische Rebellion gegen den Jugendlichkeitswahn der Älteren.

Heraus kommt dabei oft eine merkwürdig witzige Note, wenn die Tochter oder der Sohn demonstrativ mit falschem Silber auf dem Kopf herumstolziert, während die Eltern mit kräftig getöntem falschen Naturhaar das verräterische Grau unbedingt verstecken wollen.

Tausch-Täuschungen

Neu ist das Spielchen mit den vertauschten Rollen nicht. Ich erinnere mich daran, dass ich mit sechzehn meiner verblüfften Großmutter den braunen ledernen Ammenkoffer, der bei ihr auf dem Boden rumstand, abschwatzte und als Schultasche benutzte. Zur gleichen Zeit zog ich auch ein abgelegtes weißes Oberhemd meines Vaters an und klaute ihm einen Schlips. Mein Lehrer und die Mitschüler waren sprachlos vor so viel Stilempfinden (zumindest bildete ich mir das ein). Fünf Jahre später entdeckte ich in London Flohmärkte und Vintage-Kleider und Mäntel aus den Dreißiger- und Vierzigerjahren, also alles Modestile, die auch meine Mutter und Großmutter getragen hatten. Ob es eine unbewusste Liebesbekundung an Mama und Oma persönlich war, weiß ich nicht mehr, aber meine Mutter fand es seltsam, dass eine junge Frau wie ich Kleidung liebte, die sie in ihrer Jugend während des Krieges trug. Dagegen begeisterte sie sich für die aufregende neue Mode, für Pucci-Kleider und Miniröcke. Heute tragen immer noch sehr viele Frauen über sechzig Minis, was ja auch eine andauernde Retro-Show ihres eigenen Jugendartikels von 1964 ist.

Der Trend zum silbernen Haar wäre nicht möglich ohne einen veränderten Blick auf eben jene lebensfrohen und konsumstarken Silver Surfer. Schließlich imitiert man nur etwas, was man witzig oder cool findet. »Trau keinem über dreißig« mag 1968 einmal einer der dümmsten Sprüche von aufmüpfigen Hitzköpfen gewesen sein, aber die Kinder dieser Generation haben scheinbar ein weniger explosives Verhältnis zur alten Garde. Das Bild der Jungen von den Alten ist, oberflächlich gesehen, positiv. So hat die jüngste Shell-Jugendstudie gar »Hochachtung vor allem vor der Leistung der Älteren« bei den jungen Leuten gefunden. Scheinbar beobachtet die Jugend die rüstigen und aktiven Senioren mit Wohlwollen, weil sie als Generation wahrgenommen werden, von der man noch etwas lernen kann.

Das widerspricht allerdings einer neueren amerikanischen Studie, die herausfand, dass von allen

Vorurteilen gegenüber bestimmten Gruppen diejenigen gegenüber älteren Menschen am zähesten
und wenigsten wandelbar sind – mehr noch als ras-
sistische, religiöse oder ethnische Vorurteile. Die
Etikette, die den scheinbar wenig respektierten älteren Herrschaften angehängt wurden, waren »harmlos« und »überflüssig«.

Aber vielleicht gilt das nur für die berufsjugend-
lichen Amerikaner ...

20 Zurück zu den Wurzeln: wachsen lassen, was wichtig ist

Also gibt es auch gute Zeichen oder den berühmten Silberstreif am Himmel? Ob er nur Wunschdenken oder ein Werbegag ist, wird sich im Laufe der Jahre zeigen. Zumindest gilt inzwischen graues Haar, wie wir gesehen haben, hier und da als Statement und ist immer akzeptierter. Auch das haben wir der geschickten Selbstvermarktung der Babyboomer zu verdanken. Sie waren so clever und so erfindungsreich wie immer, um das Alter nicht als eine problematische Belastung und einen Abstieg zu sehen, sondern als eine großartige Belohnung, die ihnen zusteht und die sie mit Stolz tragen. Die Strategie ist alt, gut und für eine Zeit lang wirksam. Bevor man sich und seinen Wert anzweifelt und sich zum Opfer machen lässt, stilisiert man sich lieber zum Objekt der Aufmerksamkeit und lässt sich feiern, um so alle Spuren des Zweifels zu überdecken. Es ist so ein bisschen wie in den Sechzigern bei den Schwarzen in den USA, die ihre krausen Haare, die Afros, wachsen ließen und ganz einfach den längst fälligen Befreiungsschrei ausstießen: »Black is beautiful« – und es für eine Zeit auch glaubten. Es dauerte ein paar Jahre, bis die chemisch geglätteten Haare auf den Köpfen der schwarzen Mittelklasse sich wieder in den schrecklichsten, der weißen Mittelschicht entlehnten Frisuren manifestierten – besonders bei Frauen (siehe die ehemalige amerikanische Außenministerin Condoleezza Rice). Aber so ist es mit allem: Nichts dauert ewig.

Seid umschlungen, Babyboomer!

Es wird viel gemeckert, dass es dieses und jenes nicht mehr für den älteren Menschen gibt, dass er Macht verliert – und sogar seinen geschätzten Kundenstatus als König, wenn das Haar ergraut. Das stimmt zum größten Teil, kann und soll sich aber ändern. Inzwischen haben sich nämlich auch die Wirtschaft und die Werbung dieser reichsten, größten und kauffreudigsten Gruppe angenommen. Wir sollen jetzt umschmeichelt und umworben statt gemobbt werden. Man muss sich nur die immense Kaufkraft ansehen, die die Silberfuchsgesellschaft hat. Man ist wieder wer! Und es hat noch nicht mal richtig angefangen! Ich finde es sehr komisch und ironisch, dass die Babyboomer im Alter wieder eine ähnliche Position einnehmen wie als junge Menschen, als sie die erste stark umworbene junge Nachkriegsgeneration waren. Sie sind auch heute eine Gruppe und Generation, die man nicht ignorieren kann und sollte.

Das Ganze entspringt natürlich keiner neuen selbstlosen Liebe zu Senioren, sondern hat wirtschaftliche Gründe, weil praktisch alle Industrien noch groß an uns verdienen wollen. Täglich trudeln neue Trendberichte und Studienergebnisse ein, und sie verkünden alle eine Botschaft: Vergesst die Älteren nicht! Also, für unser aller Wohl wäre es schon aus dem Grunde schlau, die graue Revolution wirklich zu starten und ihre Vorzüge zu genießen. Und dazu kann auch gehören, sich nicht zu schämen und zwanghaft zu färben.

Jede Frau, die ich fragte, ob Männergrau und Frauengrau mit zweierlei Maß gemessen würden, ob es sich um Doppelmoral handele, erklärte mit Vehemenz »Ja!« Und wie soll es nun jemals anders werden, wenn sich das nicht ändert? Die meisten Frauen wünschen sich diesbezüglich einen Wandel, nur wollen *sie* nicht unbedingt diejenigen sein, die damit anfangen. Doch Protest ist immer noch der erste Schritt zur Veränderung. Und wenn man es nicht selbst tut, wer dann bitte?

Aller Anfang ist grau

Die meisten Frauen sind Kontrollfreaks, müssen es wohl bei ihrem arbeitsintensiven Leben mit den verschiedenen Belastungen und Rollen auch sein. Die Haare einfach »rauswachsen« und in Ruhe zu lassen, also auch Kontrolle aufzugeben, könnte ein schöner Anfang für ein neues, relaxtes Leben sein. Aber genau das ist am schwersten. Denn letztendlich bedeutet grau zu werden auch die Zustimmung zur Veränderung und zu einem neuen Leben, in dem es tatsächlich darauf ankommt, was in und nicht auf dem Kopf ist. Das alte Selbst, darum geht es ja (auch bei kosmetischen Operationen), soll konserviert werden. Aber selbst wenn es gelingen würde, dann passte das auf jung getrimmte Äußere nicht mehr zu unserem erfahrungsreichen Leben, das einfach Spuren hinterlässt.

Doch viele Menschen wollen den äußerlichen Verfall partout nicht akzeptieren, auch wenn es eine Tatsache ist, dass wir mit den Jahren zu einer Ruine werden, die nicht ständig und jederzeit repariert werden kann. Ich persönlich liebe Ruinen übrigens, finde sie ansprechend, von brüchiger, fast elegischer Schönheit, sie haben eine ganz eigene Geschichte und Vergangenheit, die mich anrühren und berühren, sie interessant und geheimnisvoll machen. Vielleicht hat meine Liebe zu Ruinen mit meiner typischen Nachkriegskindheit zu tun, als es noch viele zerstörte Häuser gab, die zu spannenden und auch verbotenen Abenteuern einluden.

Diktatur Natur!

Die Zeit kann genauso wenig gestoppt werden wie Regen, die Sonne, reifendes Korn und ein Baby, das gerade geboren wird. Die Natur behandelt uns ausnahmslos gleich, wir alle unterliegen dem Alterungsprozess. Viele halten die Natur, deren Aktionen für uns vielmals rätselhaft sind, für eine frauenfeindliche Macht und eine schlechte Lebensdesignerin, weil sie es erlaubt, dass sich »natürliche« körperliche Veränderungen besonders bei Frauen negativ in der Privatsphäre und Arbeitswelt auswirken. Doch sie mag sich etwas dabei gedacht haben, die gute Natur, als sie graue Haare, Truthahnhälse, Altersflecken und Tränensäcke erfunden oder, sagen wir, zugelassen hat, aber *was* genau? Was will sie uns zeigen oder lehren? Und wieso verstehen wir das falsch oder versuchen es zu ignorieren?

Viele Frauen pfeifen drauf, ihr wirkliches Alter zu zeigen. Für sie liegen kein Stolz oder Heldentum in der Akzeptanz von Falten und grauen Haaren. Fein. Die Frage ist aber doch: Wie weit geht man mit seinen Bemühungen, der brutalen Zeit zu entschlüpfen und den Lebensjahren zu trotzen? Sich nicht in seiner Haut wohlzufühlen und an der Haarfarbe festzumachen, ob man attraktiv, geliebt, sexy oder erfolgreich sein kann, ist eine der vielen fehlgeleiteten, ja geradezu absurden Ideen, die Frauen über den Stellenwert des Aussehens haben. Helen Mirren (schon wieder!), um die ein großer Wirbel gemacht wird, so als handele es sich um eine ätherische, glamouröse Kunstfigur und nicht eine attraktive, aber kompakte, kurzbeinige Britin von 67 mit breiten Händen und einer großen Nase, sieht das mit Klarheit und Humor: »Ich mag diese Aufmerksamkeit nicht, die meinem Aussehen entgegengebracht wird. Dass ich gut für mein Alter aussehe, ist irrelevant! Wir müssen mit diesem Mist aufhören! Das erzeugt noch mehr Druck, und damit möchte ich nichts zu tun haben. Ich bin nicht hübsch, ich kann mich gut zurechtmachen, das ist alles.«

Helen erhielt trotzdem die britische Auszeichnung der »Sexiest Person of the Year«, was zeigt, dass Sexappeal mit Persönlichkeit und Souveränität zu tun hat. Doch auch diese Auszeichnung wird ihr relativ egal sein. Aber der Tipp mit dem »gut Zurechtmachen« ist doch phantastisch!

Loslassen

Es wird viele geben, die nun einmal an ihrer eigenen Vorstellung von Schönheit und Verjüngung festhalten wollen. Aber genauso viele werden zumindest das Thema Grauwerden einfach noch mal angehen, überdenken, reflektieren und vielleicht zu dem Schluss kommen: Warum nicht ein feindseliges, anstrengendes, antifeministisches, gesundheitsschädliches Image auf die Anklagebank setzen? Und warum spielen Natur, Ökologie, Umweltverträglichkeit beim Aussehen keine Rolle, während man sich um die Erde, deren größter Feind die unnatürliche Gier nach Besitz und Konsum ist, große Sorgen macht? Deshalb sollte man bei ungefärbten Haaren ebenso daran denken, dass sie auch für Freiheit stehen: Freiheit von der Tyrannei der Farbe auf dem Kopf.

Dagegen macht es unfrei, an »falschen« Ideen von Alter und Schönheit kleben zu bleiben. Als Erwachsene haben wir dann besondere Angst vor Veränderung, wenn alles so weit gut gelaufen ist im Leben. Wir sind in einer Komfortzone angekommen, haben unsere Lebensziele erreicht, unsere Berufswünsche verwirklicht. Wir möchten dort bleiben, wo wir die emotionale Landkarte kennen, mit der auch unser Aussehen korrespondiert. Änderungen signalisieren Unruhe und Unsicherheit.

Kinder und Heranwachsende sind indessen ganz anders. Es dürstet sie nach Veränderung. Sie wachsen, sie wollen raus aus ihrer immer enger werdenden Haut. Änderung heißt dort Glück und Abenteuer. Kleine Kinder wollen immer größer sein, vergleichen sich, verkleiden sich. Der Spaß und das Entzücken, die ihnen die Verkleidung bereiten, sind wunderbar und ansteckend.

Kann man als älterer Mensch nicht ein wenig beibehalten von der Lust an der Veränderung? Oder eine amüsierte Neugierde auf immer wieder Neues? Jeder hat eine gewisse Verpflichtung seinem Alter gegenüber, finde ich. Was ist so schwer daran zuzugeben: »Nein, diese Person, die ich vor fünf, zehn, zwanzig Jahren war, die bin ich nicht mehr – und ich werde sie nie wieder sein.« Das ist schließlich eine Tatsache. Aber wir haben trotzdem eine Chance, dem eigenen Gesicht mit natürlichem Haar die eigene Wahrheit zu geben. Also, ein bisschen Kreativität und Macht hält das Schicksal immer bereit.

Wir könnten uns als Trendsetter sehen. Vielleicht liegt da die Chance für graue Haare? Dann fände es jeder schick und akzeptabel. Vegetarier zu sein aus Liebe zu Tier und Umwelt ist zu einer Riesensache geworden, trotz des manchmal etwas dramatischen Predigertons und der Moralkeule. Die Kampagnen gegen das Tragen von Pelzen sind seit Jahren sehr präsent in der Öffentlichkeit und werden international sowohl von Promis wie auch von ganz normalen Menschen unterstützt. Aber wieso sollen nur unsere lieben Vierbeiner geschützt werden? Sind wir Menschen nicht genauso wichtig?

Man trägt grau, weil es wahr ist. Und wer zu der Philosophie neigt, dass in der Wahrheit Schönheit, ja auch Humor und ganz besonders Stärke liegen, der wird die Wahrheit des Alters, am liebsten gepaart mit Weisheit, vielleicht auch Stolz, zeigen und leben. Ich habe für diese Einstellung eine gute Übung. Sie ist vielleicht ein bisschen brutal, aber die Brutalität der kristallklaren Wahrnehmung hat einen sehr unterschätzten Charme, der gerade durch seine Einfachheit gewinnt.

Stellen Sie sich vor den Spiegel und sagen: »Ich bin eine 45-, 53-, 62-, 69-, 85-jährige Person mit grauen Haaren. Ist das schlimm? Nein! Denn ich bin genauso auch eine Person mit Neugier, Kampfgeist und Humor, habe eine erfüllende Karriere, wohlgeratene Kinder, die glücklich sind. Ich bin gesund, kann gut kochen, trage kurze Röcke und habe noch eine Taille und eigene Zähne. Also werde ich auch das Abenteuer Alter und graue Haare bestehen und das Beste daraus machen.« Ende.

Das Grau auf dem Kopf ist nicht notgedrungen der absolute Höhepunkt im Leben, und zu seinem Grau zu stehen ist keine Religion und keine moralische Verpflichtung oder Überlegenheit, es ist bestenfalls eine Aufforderung, man selbst zu sein. Dann ist Grau auch die Farbe der Sieger, nicht der Verlierer. Lassen wir uns als menschliches und vor allem spirituelles Bioprodukt bewundern, unbehandelt, frei von Chemikalien, Natur pur. Denn die gefährlichen Grauzonen sind die im, nicht auf dem Kopf.